Melinda Conrad:
Das Phänomen Modelberuf
Schein und Sein – Vorurteil und
Wahrheit des Model Business

RabenStück
Verlag
Publisher of Social Affairs

Melinda Conrad

Das Phänomen Modelberuf

Schein und Sein – Vorurteil und Wahrheit des Model Business

RabenStück Verlag
– Publisher of Social Affairs –

Bibliografische Information der Deutschen Nationalbibliothek
Die Deutsche Nationalbibliothek verzeichnet diese Publikation in der Deutschen Nationalbibliografie; detaillierte bibliografische Daten sind im Internet über http://dnb.d-nb.de abrufbar.

Bibliographic information published by the Deutsche Nationalbibliothek
The Deutsche Nationalbibliothek lists this publication in the Deutsche Nationalbibliografie; detailed bibliographic data are
available in the Internet at http://dnb.d-nb.de.

Information bibliographique de la Deutsche Nationalbibliothek
La Deutsche Nationalbibliothek a répertorié cette publication dans la Deutsche Nationalbibliografie; les données bibliogra-
phiques détaillées peuvent être consultées sur Internet à l'adresse http://dnb.d-nb.de.

Informazione bibliografica de la Deutsche Nationalbibliothek
La Deutsche Nationalbibliothek registra questa pubblicazione nella Deutsche Nationalbibliografie; dettagliate dati bibliografi-
ci sono disponibili nell' internet per http://dnb.d-nb.de.

Библиографическая информация Немецкой Национальной Библиотеки
Немецкая Национальная Библиотека вносит эту публикацию в Немецкую национальную библиографию; подробные
библиографические данные можно найти в интернете на странице: http://dnb.d-nb.de.

Información bibliográfica de la Deutsche Nationalbibliothek
La Deutsche Nationalbibliothek recoge esta publicación en la Deutsche Nationalbibliografie; se puede encontrar los datos
bibliográficos en el internet por http://dnb.d-nb.de.

Melinda Conrad:

Das Phänomen Modelberuf: Schein und Sein – Vorurteil und Wahrheit des
Model Business.

RabenStück Verlag: Berlin, 2015.

ISBN 978-3-935607-69-8

ISBN 978–3–935607–69–8

© 2015 *RabenStück* Verlag®
Dr. Uwe Großer | Postfach 52 01 15 | 12591 Berlin
Fon: +49 30 56400807 | Fax: +49 3212 RabenSt (7223678)
eMail: Verlag@RabenStueck.de | Web: www.RabenStueck.de

Produktion: *RabenStück* Verlag. Titel unter Verwendung eines Fotos
von © Rica Rosa Photography.

Druck: SDV Direct World GmbH Dresden

Inhalt

E inleitung
– von ‚dünnen Spinnenfingern‘
und Ästhetikempfinden

Freitagnachmittag. Ein Berliner Szenekaffee mitten im angesagtesten Kiez der Stadt. Ich befinde mich in einer Schreibpause, um den Kopf bei einem Haselnussmilch-Kakao einen Moment frei zu bekommen. Nom Nom. Zwei junge Frauen sitzen cirka einen Meter von mir entfernt und reden unüberhörbar laut über Models. Offenbar kommt eine der Beiden frisch von einem Shootingjob und beschreibt das gebuchte Model so: *„Sie hatte so richtig lange Spinnenfinger. Dürr, wie sie halt alle sind. So der Typ Mensch, der in der Schule immer gemobbt worden wurde wegen des komischen Aussehens. Ich meine, ich hätte sie auch fertig gemacht. Warum auch nicht?"* Sie lacht herzlich.

„Schönheit liegt im Auge des Betrachters", schrieb WILLIAM SHAKESPEARE (1564 bis 1616). Ein Sinn für Ästhetik ist tief in unseren Genen verwurzelt, sagt hingegen die Forschung. Die menschliche Attraktivität folgt universellen Kriterien, die evolutionär geprägt sind. Vor allem Jugendlichkeit ist ein wichtiges Kriterium, ebenso Gesundheit und Symmetrie. Die Populationsgenetik vertritt die Meinung: Symmetrie ist rein biologisch betrachtet, ein Anzeichen für Gesundheit und Widerstandsfähigkeit. Sie signalisiert den Menschen, dass das Gegenüber vorteilhafte Gene und damit eine Immunkompetenz für eine Nachkommenschaft ergebe. Da bereits Menschenbabys in simplen Versuchsanordnungen symmetrische Formen bevorzugten, scheint ein Schönheitssinn tief im Erbgut verankert und somit angeboren zu sein. Das spielt den Evolutionsbiologen zu. Diese denken, dass es universelle Schönheitsideale gibt, die genetisch abgespeichert sind und weiter gegeben werden. Symmetrie spielt also dort eine Rolle, wo wir sie nicht einmal bewusst wahrnehmen – bei der Partnerwahl und bei dem was wir allgemein als ästhetisch und erstrebenswert empfinden. Naturforscher HERRMANN WEYL erklärte dazu: *„Etwas Wohlproportioniertes, Ausbalanciertes; Symmetrie bezeichnet die Übereinstimmung mehrerer Teile, die sie*

zu einem Ganzen werden lässt. Schönheit ist mit Symmetrie verknüpft ...". Symmetrie steht also für Gesundheit und Gesundheit ist fest verbunden mit Schönheit. Unter die äußeren Merkmale, die für Gesundheit stehen, fallen zudem: ein makelloser Teint, gesunde Haare, der ideale physische Körperbau (zum Beispiel ein ‚ideales' Taille-Hüfte-Verhältnis bei Frauen und männliche Hormonmarker wie ein breites, markantes Kinn und Muskeln), verbunden mit einem gepflegten Auftreten, das auf eine psychische Gesundheit schließen lässt. Die Attraktivität eines Menschen spiegelt sich also in seiner Gen-Ausstattung wieder, so das Urteil der Forscher. Das impliziert, die treibende Kraft hinter den Vorlieben der Menschen ist die Fortpflanzung und der Wunsch nach Kindern. Sie betonen dabei, dass es sehr wohl geschmackliche Unterschiede gibt, aber am Ende zeigen die Forschungsergebnisse der Probanden-Befragungen: *„Schönheit ist alles andere als relativ. Quer durch alle Schichten der Gesellschaft, durch alle Kulturen und Kontinente, unabhängig von Alter, Beruf oder Geschlecht – überall werden dieselben Gesichter als attraktiv wahrgenommen"*[1]. Trotz bereits vorliegender Ergebnisse sind Biologen, Psychologen, Hirnforscher und andere Wissenschaftler seit Jahrhunderten, bis heute, den tiefen Geheimnissen der Schönheit auf der Spur. Sie alle haben ihre individuellen Theorien über das ästhetische Empfinden der Menschen aufgestellt. Die Befunde ihrer Attraktivitätsforschung zeigen, dass wir nicht ausschließlich von der bereits beschriebenen Evolution getrieben sind. Auch Erinnerung und Lebenserfahrung spielen eine Rolle in unserer Wahrnehmung. Manche Forscher vermuten sogar, dass wir aus allen Gesichtern, denen wir je begegnet sind, einen Prototyp abspeichern, den wir als angenehm und attraktiv empfinden. An diesem bemessen wir dann neue Gesichter, so diese Theorie. Zu den Gesichtern, welchen wir so ‚begegnen', die wir aufnehmen in unseren Speicher, gehören neben den Personen des Alltagsumfeldes, zudem vermehrt Schönheiten aus aller Welt. Das ist überhaupt erst möglich durch den Beginn der universellen Medienpräsenz. Die logische Folge: unser Anspruch an Ästhetik steigt, schenkt man der Theorie des Prototyps Glauben. Schönheit ist also auch definitiv subjektiv. Unsere Reaktion auf Schönheit ist womöglich begründet

---

[1] Ulrich Renz, Autor von ‚Schönheit. Eine Wissenschaft für sich'.

durch ein uns verborgenes, komplexes Zusammenspiel zwischen den angeborenen Vorlieben und individuellen Erlebnissen. Es bleibt immer ein Restgeheimnis, ein faszinierendes Mysterium.

Und doch ist es schlussendlich auch eine Frage des Willens: Menschen, die es sich einfach machen wollen, schlagen eine Modezeitschrift auf oder schalten den TV ein und beziehen ihre Schönheitsideale einfach und schnell daraus. Durch diese globale Fixierung auf den schnellen Reiz, haben wir Menschen definitiv ein gutes Stück Urteilsvermögen verlernt. Andere wissen wiederum, dass sie erst durch Erfahrung, investierte Zeit und Bildung lernen müssen, Schönes zu sehen (vgl. Rebekka Reinhard, o. S.) Die Autorin von ‚Schön! Schön sein, schön scheinen, schön leben' rät Menschen, die ein differenzierteres ästhetisches Verständnis anstreben, sich in allen Epochen der Kunst inspirieren zu lassen.

Eine allgemeine Schönheit, verbunden mit einer sehr schlanken Figur, sind Ideale der westlichen Gesellschaft des ausgehenden 20. und beginnenden 21. Jahrhunderts. Dies entsprang einem regelrechten Kult um Jugendlichkeit, der sich aus Amerika, über Europa und darüber hinaus ausbreitete. Die Messlatte der Ansprüche an ein makelloses Aussehen sind mittlerweile derart hoch angesetzt, dass nur Wenige sie überhaupt erreichen können und dann auch nur für einen äußerst kurzen Zeitraum. Der Aufrechterhaltung wird viel Aufmerksamkeit und Geldmittel gewidmet. Derzeit leben wir folglicherweise in einer Gesellschaft, die ein unrealistisches äußerliches Erscheinungsbild verherrlicht. Dies führt zu einschneidenden Konsequenzen für die menschliche Psyche aller Gesellschaftsmitglieder, wie eine gestörte allgemeine Lebenszufriedenheit und negative Auswirkungen auf das Miteinander. Jedoch unterliegen solche universellen Schönheitsideale Moden und verändern sich so im Verlauf der Jahrhunderte. Wo es zu früheren Zeiten ein Zeichen für Wohlstand war, etwas auf den Rippen zu haben, zeugt es heute von erstrebenswerter Selbstdisziplin, schlank und rank zu sein. Demnach lächeln die schönen und reichen Prominenten der Neuzeit vornehmlich in dünner Statur von den Magazinen und den Bühnen, ‚die die Welt bedeuten'.

Als die ultimative Inkarnation von Schönheit werden in der heutigen Gesellschaft Models angesehen. Die Medien vermarkten diese Menschen als ‚perfekt'. Ihr Aussehen und Leben wirkt auf viele anbetungs-würdig und erstrebenswert. Über die tatsächlichen Arbeitsvorgänge der Mannequins und deren Alltag erfährt man allerdings wenig bis nichts. Stattdessen verspricht der Modelberuf Glamour und Abenteuer. Ob er das auch in der Realität hält, wird in diesem Buch anhand von vorhandener Literatur, Interviews, Reportagen, Berichten, Statistiken und Umfragedaten analysiert und herausgearbeitet. Diese Arbeit kon-zentriert sich vornehmlich auf das weibliche Geschlecht und das be-kannteste Feld der Modeltätigkeit: die Laufsteg- und Fotomodels. Ziel ist, ein authentisches Berufsbild zu zeichnen. Ihnen werden die starken Frauen hinter dem Traumbild vorgestellt. Deren Erfahrungsberichte wurden durchgängig als Zitate eingearbeitet, um den Originalton der Frauen wiederzugeben.

Ergänzend werde ich meine Erfahrungen und Erlebnisse schildern. Seit 2010 arbeite ich als Model im alternativen Bereich – einer spe-ziellen Sparte des Business, in der man glücklicherweise viele unter-schiedliche Größen und Figuren von Frauen findet. Nachdem ich einst jahrelang Shootinganfragen mit der Begründung des Sexismus und Lookismus der oberflächlichen Branche ablehnte, habe ich mittlerweile gewissermaßen meinen Platz in dieser verrückten, schillernden Welt gefunden. Denn als sich die Anfragen häuften, überlegte ich eines Ta-ges, das Modeln vielleicht als sozialen Selbstversuch zu betrachten. Ich begab ich mich in dieses Abenteuer, um zu schauen, was man errei-chen kann mit 1,64 m Körpergröße und einer kurvigen Figur, einem ausgefallenen Stil, Hochsensibilität und politischen Einstellungen, die üblicherweise kein hohes Ansehen bei der durchschnittlichen Zielgrup-pe und dem Kundenkreis genießen. *„Models sollen schließlich aussehen und nicht den Mund aufmachen und über Politik oder Missstände philo-sophieren"*. Höchstens noch ein *„Ich wünsche mir den Weltfrieden!"*, sei gestattet. Also: *„Hallo ich bin Mel Riot und wünsche mir den Weltfrieden!! Hihihihi"* *kicher. Alle nicken zustimmend. Vorhang*

Nach fünf Jahren der Arbeitspraxis habe ich zusammenaddiert auf allen Internetportalen um die 50 000 Fans akquiriert und zudem einen tiefen Einblick in die Regeln und den Alltag des vermeintlichen Traum-berufes bekommen. Ich wünsche allen viel Spaß beim Einblick in diese Welt und hoffentlich neue Perspektiven.

„*You don't need bigger boobs. You need to read better books.*" – Autor unbekannt

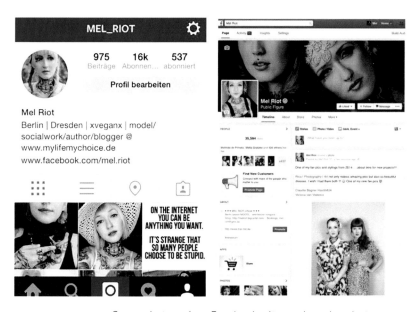

Screenshots meiner Facebookseite sowie meines Instagrams

Die Autorin beim Autogramme geben ...

1 Models, Schönheitsideale sowie die Entwicklung der Modeindustrie im Wandel der Jahrzehnte

Damit sich ein Verständnis entwickeln kann, wie sich der Beruf eines Models gegenwärtig gestaltet, ist es hilfreich, eine Informationsbasis darüber zu besitzen, wie das Arbeitsfeld und auch das Business drum herum entstanden sind. Und auch wodurch sich die Schönheitsideale der Branche bis zum heutigen Stand entwickelt haben, mag hilfreich sein. Das nachfolgende erste Kapitel behandelt genau jene geschichtlichen Entwicklungen.

1.1 Die ersten Vorführdamen der Modeschöpfer

Ursprünglich fungierten die schönen Kundinnen selbst, deren Töchter oder die hübschen Schneiderinnen der damaligen Modeschöpfer als die ersten Models. Sie liefen bei den Hausmodenschauen oder posten für die Veröffentlichungen in den ersten aufkommenden Printmedien (Kataloge, Poster oder Zeitschriften). Es ist äußerst schwer zu bestimmen, wer und wo genau das erste richtige Fashion-Model war. Einige Quellen benennen MARIE VERNET WORTH. CHARLES FREDERICK WORTH, der sogenannte ,Vater der Haute Couture', bat die Verkäuferin MARIE im Paris der 1850er Jahre seine aktuellen Designs zu modeln. So wurde sie nicht nur sein festes Model, sondern auch später seine Frau. Schon 1885 erschien ein Buch namens ,Art et la Mode', das vier gezeichnete Frauen zeigt, die Mode präsentieren. Im späten 18. Jahrhundert wurden bereits regelmäßig sogenannte ,Fashionparaden' in einigen Pariser Couture Salons veranstaltet, heute Modenschauen genannt. Für die Models gab es zu dem Zeitpunkt noch keine universell gleichen Anforderungen an Modelmaße, wie heutzutage üblich. Ganz im Gegensatz sogar - die Designer wählten Models aller Größen und Figuren um die Vielfalt ihrer Designs zu demonstrieren.

1826 gilt als Geburtsstunde der Fotografie. Joseph Nicéphore Niépce gelang es erstmals, mittels einer Kamera dauerhafte fotografische Abbildungen zu schaffen. Die Belichtungszeit dauerte mehrere Stunden und seine Bilder befanden sich als Unikate auf Kupfer- oder Zinnplatten und waren nicht reproduzierbar. Es arbeiteten seitdem zahllose Forscher auf der ganzen Welt an der Verbesserung der ersten bestehenden fotografischen Verfahren. Sie erzielten schnell Erfolge. Die Fotografie war geboren. Als erstes Fotomodell ging Virginia Oldoini, Comtesse de Castiglione, eine toskanischen Edeldame am Hof Napoleon II., in die Geschichte ein. Für ihre Schönheit bekannt, verbunden mit Intelligenz, Charme und extravagantem Auftreten, diente sie aufgrund dieser Vorzüge verschiedenen Fotografen als Model. Sie begann 1856 mit dieser Tätigkeit und erlangte so Bekanntheit als Model in der Frühgeschichte der Fotografie. Der Fotograf Adolphe Braun veröffentlichte zum Beispiel ein Buch mit 288 Fotografien der Comtesse, die ihre Garderobe auf den Bildern vorführte. Demnach ist sie das erste veröffentlichte Fotomodell, welches aktuelle Mode präsentierte. Mit der Entstehung der Modefotografie erweiterten sich die Aufgabenbereiche eines Models. Zunächst blieben die Mannequins weitestgehend anonym und sehr schlecht bezahlt. Um 1888 begann die Industrialisierung der Fotografie mit der ersten in größerem Maßstab industriell gefertigten Rollfilmkamera, der Kodak Nr. 1. So war die industrielle Fertigung der Kamera und auch des fotografischen Aufnahmematerials möglich und die Fotografie war nun mobil. Der Start für private Laienfotografie war gemacht, aber auch ein Anfang für die künstlerische Fotografie. Durch neu entwickelte Druckverfahren war jetzt auch die unkompliziertere Reproduktion von Fotografien möglich. Die Grundsteine des Berufs des Fotografen/der Fotografin wurden gelegt und auch die des Fotomodels, auch wenn das erste Foto-Cover noch etwas dauern sollte.

1.2 Die Anfänge der Modemagazine

„Fashion reflects what's going on in our society", heißt frei übersetzt: Mode reflektiert, was in unserer Gesellschaft passiert. Glenda Bailey, Editor-In-Chief, Harper's Bazaar

Das erste Magazin, das Fotografen, Künstler, Designer und Autoren ermöglichte, ihre Sichtweise auf die Welt der Mode, Schönheit und Popkultur zu zeigen, war das ‚Harper's Bazaar'. Die Erstausgabe der Zeitschrift erschien 1867. Gegründet wurde es von den Verlegern HARPER & BROTHERS (später HARPERCOLLINS) und ist dafür bekannt, ein Zuhause für außergewöhnliche Talente wie herausragende Moderedakteure, Autoren, Fotografen, Stylisten und Illustratoren zu sein. Es präsentierte zu Beginn vor allem Mode aus Berlin und Frankreich in einem wöchentlichen Newspaper-Format, vergleichbar mit den heutigen Tageszeitungen. Zudem war es speziell auf Frauen der gehobenen Mittelklasse oder Oberschicht zugeschnitten.

1892 erschien die erste Ausgabe der ‚VOGUE' in den USA, herausgegeben von ARTHUR BALDWIN TURNURE. Der Herausgeber setzte sich als Mitglied der New Yorker Gesellschaft das Ziel, ein Gesellschaftsblatt für Mode, Kunst, Kultur, Stil und Etikette zu etablieren. Damit beabsichtigte er vor allem die Interessen und die Lebensart der Upperclass in einem passenden Journal repräsentieren. Eines der einflussreichsten international publizierenden Modemagazine war entstanden und damit auch der größte Konkurrent des ‚Harper's Bazar'. Mittlerweile gibt es das beliebte Modemagazin in 18 Ländern und seit 1979 auch in Deutschland.

Die Chefredakteurin des amerikanischen Magazins ‚VOGUE' der 1960er Jahre, DIANA VREELAND, formulierte ihre Ansicht des Blattes mit: *„Gib den Menschen nicht das, was sie wollen, sondern das, wovon sie nie zu träumen wagten."*

1.3 Die ersten professionellen Models und die Entwicklung der Industrie im Verlauf der Jahrzehnte

Anfang des 19. Jahrhunderts werden immer mehr Frauen – in körperlich guter Form – eingesetzt, um Mode zu präsentieren. Allerdings genießen diese noch kein besonderes Ansehen in der Gesellschaft dieser Zeit. Die Modeszene beginnt überall zu erblühen. So werden die Ideen der Modeparaden der Pariser Szene auch nach New York übertragen und regelmäßige Shows französischer Couture, also aktueller modischer Kleidung, veranstaltet.

Die ‚VOGUE' beschäftigte ab 1909 einen neuen Verleger und entwickelte sich damit zur tonangebenden Beraterin der modebewussten Frau, vor allem, was ihre Kleidung und Schönheit betrifft. „Before it's in fashion, it's in VOGUE" (übersetzt: bevor es in Mode ist, ist es schon in der VOGUE), ist ein provokanter Slogan der ‚VOGUE' und fasst doch kurz und knapp zusammen, welchen Einfluss das Magazin seit jeher genießt. Es gehört zur Strategie der Zeitung, die Auflage gezielt auf eine exklusive Leserschaft, die wohlhabende Kundin ab 29, zu begrenzen. Zu diesem Zweck wurde seit Beginn bewusst auf Themen und Maßnahmen verzichtet, die ein durchschnittliches Publikum ansprechen.

Gerade wegen dieser Strategie machte sich die Zeitschrift immer mehr einen Namen und wurde mit der Zeit federführend in der Modebranche (Reichweite der deutschen Auflage (AWA 2012): 1,57 Mio. Leser).

1924 eröffnen die ersten Modelagenturen ihre Türen. Bis dato wurden Fotografien von Bekleidung in Modemagazinen als reine Information über Schnitt, Linie und Material eingesetzt. Stimmung, Geist und Idee der Mode festzuhalten blieb ebenso den Illustratoren vorbehalten, wie die Gestaltung des so wichtigen Titelbildes[1].

Doch dann druckte die amerikanische ‚VOGUE' 1932 das erste Farbfoto, das je auf einer Titelseite erschien: eine Aufnahme einer unbekannten Frau im roten Badeanzug, fotografiert von EDWARD STEICHEN. Das Verwenden eines Fotos für das Cover war ein innovativer Schachzug dieser Zeit und es bedeutete auch, das erste Covermodel war offiziell publiziert. Für die Inhalte der Zeitung wurden bereits eine Weile Fotos verwendet. Für diese galten es konkrete Anweisungen des Verlages ‚Condé Nast', ausschließlich Schauspielerinnen zu engagieren, da diese posieren konnten. Als Ausnahme davon wurden allenfalls noch die attraktivsten der jungen Socialites New Yorks akzeptiert.

Die Modefotografie erlebte später eine wichtige Zäsur durch den Zweiten Weltkrieg. Durch den tobenden Krieg verlagerte sich der Schwerpunkt der Arbeit der Modefotografen von Europa in die USA. Der Stil der Fotografen löste sich vom starren, rein ‚Mode präsentierenden' Bild vorheriger Epochen und sie versuchten sich künstlerischer und

---

[1] vgl. Bernd Skupin: „Zeitlos schön - 100 Jahre Modefotografie", 20. August 2012

freier auszuleben. Die prêt-à-porter – ‚ready-to-wear‘, also übersetzt: ‚bereit zum Tragen‘ – Industrie begann in den späten **1950ern** aufzukommen. Es ist tragefertige Bekleidung gemeint, ganz im Gegensatz zur ‚Haute Couture‘, die nur für Laufsteg und Models erschaffen wurde. Sie kommt in Standardgrößen und im fertigen Zustand auf den Markt. Durch die veränderte Zielgruppe der Mode, mussten auch Models nicht mehr dem Ideal der gehobenen feinen Gesellschaft entsprechen. Die bekanntesten Modelnamen der 1950er waren LISA FONSSAGRIVES, SONNY HARNETT, DORIAN LEIGH, SUZY PARKER, JEAN PATCHETT sowie DOVIMA. Sie bestimmten den stolzen, alltäglichen Look der 1950er. Im Vergleich zu heutigen Standards waren die damaligen Models noch ‚fülliger‘.

Etwas kurviger waren auch die sogenannten Pinups, eine besondere Sparte der Models, die auch zu jener Zeit in den 50ern entstand.

In den **1960er** Jahren der Modeindustrie galten Models in der Gesellschaft als die neue Elite ‚der Schönen‘. Das klassische Model der Zeit zeichnete sich durch einen natürlichen Look aus. Ihr Charme war aufgebaut auf eine relaxte Ausstrahlung, sexy und freundlich. Ikone TWIGGY und auch JEAN SHRIMPTON standen für einen Generationswechsel, für einen verjüngten, dynamischeren Stil. Exotische Models wurden erstmals gebucht und es etablierten sich immer mehr Agenturen, die die Models professionell vertraten.

Eine starke wirtschaftliche Flaute der **1970er** veränderte auch die Honorare der Models. Naturalismus und androgyne Typen nahmen zu und zum ersten Mal erschien merklich ein kalifornischer Typ von Model – die gebräunte, natürliche, gesunde und sportliche Frau. Es hielten jetzt exzentrische Themen wie Fetischismus, Pornographie und Voyeurismus Einzug in die klassische Modefotografie.

In den zeitigen **1980ern** erlebte die Wirtschaft wieder einen Boom und damit stieg auch wieder die Nachfrage nach Models, die Energie und Spaß ausstrahlten – passend zur Zeit des Aufschwungs. Die 80er könnte man zusammenfassen als die ‚Ära der Supermodels‘. Es gab einen akuten Anstieg der medialen Aufmerksamkeit an der Modeindustrie und den Mannequins. Somit waren die hübschen Amazonen plötzlich omnipräsent, egal ob in Magazinen, Filmen, Laufstegen oder Fernsehen. Supermodels wie LINDA EVANGELISTA, IMAN, ELLE MACPHERSON, CHRISTY TURLINGTON, NAOMI CAMPBELL, TATJANA PATITZ oder CLAUDIA

SCHIFFER waren die Größen der Zeit und sind bis heute die bekanntesten, bestbezahltesten Topmodels – die Traumfrauen einer Epoche. Fotografisch erleben ästhetische, elegante, inszenierte Stile eine Hochzeit und die klassische, elegante Schwarz-Weiß Fotografie ein Comeback.

In den **1990er** Jahren wurden die natürlichen, gesunden Looks der Models abgelöst durch den aktuellen verruchten ‚Grunge'-Stil, der beeinflusst wurde von bestimmten Subkulturen. Dabei ging es vornehmlich um ein Anti-Fashion Statement: Coolness, Provokation und Rebellion. Die Ästhetik der Zeit ging sogar bis zu den Extremen der sogenannten ‚Heroine Looks' (= abgemagerte Teenagermädchen als Models, die wie Heroinjunkies ausschauen). Auffallend dünne Models mit kühlem Blick, wie KATE MOSS waren Ikonen der Dekade. Ein eher jugendlicher Körper wurde glorifiziert und damit begannen die Modelkarrieren der jungen Frauen viel früher.

1.4 Models als Stars – das Phänomen der Super-/Topmodels

Der Begriff Supermodel erschien bereits in den 1890ern in einem Interview des Künstlers HENRY STACY MARKS für das ‚The Strand Magazine'. Wirkliche Bekanntheit gewann der Begriff Supermodel allerdings erst in den 1980ern.

Als ‚Supermodels' werden heutzutage jene Persönlichkeiten bezeichnet, die es schaffen, neben der Modeltätigkeit eine gewisse Bekanntheit durch Medienpräsenz aufzubauen. Sie sind extrem gut bezahlte Fashionmodels, die hohes weltweites Ansehen genießen. Ihr Arbeitsbereich umfasst hauptsächlich Kampagnen für die größten Fashion Designer und bekannte Bekleidungsfirmen oder auch andere millionenschwere Werbeverträge wie Fernsehwerbespots.

Supermodels zieren oft Cover wie das des hochangesehenen, in der Modeindustrie tonangebendem Magazin, die ‚VOGUE'. Dieses begehrte Cover wird in der Branche auch als der ‚Topmodelmacher' bezeichnet. Manch ein unbekanntes Model konnte durch dieses Cover überhaupt erst eine große Karriere starten. Als eines der wohl ersten Topmodels wird ANITA COLBY genannt. Bereits am Anfang ihrer Karriere mit 19 (ca.

1932) verdiente sie $ 50 pro Stunde und war damit das am besten bezahlteste Model dieser Zeit in Amerika. Später erhielt sie bereits Gagen von $ 100. Ihr Spitzname war ‚the face' – ‚das Gesicht', und sie erschien durch ihr herausragendes Aussehen auf verschiedensten Reklamewänden und Zeitungsanzeigen. Viele davon waren Zigarettenklienten – eine werbestarke Industrie zu der Zeit. Sie zierte unglaubliche fünfzehn Magazincover in einem einzelnen Monat, unter anderem das der ‚Time'. Auch LISA FONSSAGRIVES gilt als eines der ersten, wenn nicht sogar ‚das' erste Supermodel. Sie war zu sehen in und auf den meisten führenden Fashionmagazinen sowie in anderen allgemeinen Zeitschriften zwischen den 1930ern und den 50ern – darunter große Namen wie ‚Town & Country', ‚Life', ‚VOGUE', ‚the original Vanity Fair', ‚Harper's Bazaar', und ‚Time'. Zudem war sie auf mehr ‚VOGUE'-Covern, als je ein anderes Model. Etwas später, zwischen den späten 1940ern und ca. 1960 war DORIAN LEIGH eine der Größten. Auch sie wurde in den Medien als das erste Supermodel der Welt benannt. Zu dieser Zeit war das Arbeiten mit namenhaften Fotografen das größte Prestigeobjekt für die damaligen Models. Man sagte DORIAN nach, dass sie ein natürliches Gefühl dafür hatte, was ein Fotograf von ihr wollte. Sie war eines der ersten Models die einen Vertrag der ‚Ford Agency' unterschrieb. Ebenso zu nennen: GIA CARANGI, ein US-amerikanisches Model der späten 1970er und frühen 1980er Jahre, die auch als erstes Topmodel in den Medien bezeichnet wird sowie JEAN SHRIMPTON, ein britisches Model – sie wurde vor allem während der ‚Swinging Sixties' bekannt. Jede davon könnte das erste tatsächliche Topmodel gewesen sein, denn sie waren die Größen der jeweiligen Zeit. Da sich nun jedes Jahrzehnt des 20. Jahrhunderts so extrem unterschied in Bedeutung/Einfluss der Industrie und somit auch der Models, ist es schwer, sich auf eine Dame festzulegen.

1.5 Der Werdegang der Modelagenturen

Es gibt nicht nur eine finanzstarke Industrie um die Mode an sich, sondern auch eine eigene Industrie derjenigen, die davon leben Models zu finden und zu vermitteln. Die Agenturen sind der Kleber, der Magazine, Kunden, Modeltalente und Modedesigner zusammen hält. Sie sind in alle Prozesse des Findens und der Karriereentwicklung der Models

involviert und stellen Booker oder Agenten für alle Geschäftsangele-
genheiten der Mädchen ein. Seit der Entstehung der Modeindustrie gab
es fleißige Geschäftsmänner, die Verdienstchancen erkannten und die
ersten Models vertraten. Um 1924 sollen die ersten Modelagenturen
gegründet worden sein, zu denen sich allerdings wenig Literatur finden
lässt. Fakt ist jedoch: danach entwickelte sich dieser Wirtschaftszweig
rund um die Agenturen rasant und tüchtig.

FORD
MODELS Die bekannte New Yorker ‚Ford Models'-Agentur feierte ihre Gründung im Jahr 1946. Sie war EILEEN und GERARD W. ‚JERRY'
FORDS Vision einer international arbeitenden Agentur. Sie bestanden
auf festen Traditionen ihrer Arbeitsweise. So erlaubten sie zum Beispiel
jungen Teenagermodels, trotz Aufnahme in der fernen Agentur, in ihrer
Heimat zu verbleiben. Auch bezahlten sie die Models als erste Agentur
bereits, wenn der Job zwar durchgeführt, das Geld der Auftraggeber
aber noch nicht eingetroffen war.

Vor allem in den 1960er Jahren etablierten sich in der Modewelt immer mehr Agenturen. In ganz Europa eröffneten Büros mit Angestellten,
die sich wie heutige Agenten oder Manager verhielten. Sie übernahmen
gegen eine wöchentliche Bezahlung die Nachrichten und Buchungen
der Models. Für die Abrechnungen waren noch die Models selbst zu-
ständig. Im Deutschland dieser Zeit war es Agenten nicht erlaubt für
einen Prozentsatz der Gage anderer Personen zu arbeiten. Aufgrund
dessen nannten sich die Booker offiziell die ‚Sekretärinnen' der Models.
Mit ein paar wenigen Ausnahmen reisten die Models nicht von Stadt zu
Stadt, sondern deckten den jeweiligen regionalen Nachfragemarkt ab.
Das lag vor allem an den unterschiedlichen Arbeitsgesetzen der Länder,
die das Job bedingte Reisen erschwerten. Dies führte unter anderem
dazu, dass beispielsweise Italien viele Modehäuser und Magazine her-
vorbrachte, aber zu wenige Models hatte, um alle Jobs abzudecken. Die
Models arbeiteten so teilweise schwarz, ohne eine Arbeitserlaubnis und
wurden bar bezahlt. In den Hotelzimmern der Models wurden damals
sogar Razzien durchgeführt, um jene ohne Visum zu finden. Gerüchte waren im Umlauf, dass konkurrierende Agenturen solche Razzien in
Auftrag gaben oder der Polizei heimlich Tipps zusteckten. Solche Probleme veranlassten Agenturen, ihre Einzelstandorte in Agenturketten

mit Sitzen in den Modehauptstädten zu erweitern. Die bereits vorgestellten ‚Ford Models' haben als ein Beispiel mittlerweile Büros in New York, Paris, Los Angeles, Chicago und Miami. Zu der Zeit waren kleine, ortsansässige Agenturen bei den Models immer schlechter angesehen, da manche ihre Bezahlungen als Druckmittel zurück hielten. Namenhafte Agenturketten mit ihrer Bezahlpolitik gaben mehr Sicherheiten und zogen so die Models an.

elite 1977 entstand in New York eine neue Agentur namens ‚Elite Models' und wurde die größte Konkurrenz von ‚Ford Models'. Während den 1980ern uferte die Konkurrenz in den ‚Model Wars' − ‚Model Kriegen' aus, in dem aber auch noch andere Agenturen involviert waren. Allerdings waren am Ende hauptsächlich ‚Ford' und ‚Elite' beteiligt. Sie verklagten sich auf Millionenbeträge und warben sich mit großen (teilweise unerfüllten) Versprechungen und Schmeicheleien gegenseitig Models ab. Den jungen Mädels wurden bessere zwischenmenschliche Behandlungen und eine individuelle Förderung ihrer Talente versprochen. Berichten zufolge kauften sich die Agenturen sogar den stillen Support von den Partnern oder anderen Bezugspersonen der Models. Auch bis heute kämpfen die Agenturen mit allen Mitteln gegeneinander und verklagen sich immer noch gegenseitig mit Vorwürfen des unlauteren Geschäftsgebarens und dem ‚Diebstahl' äußerst gewinnbringender, prestigeträchtiger Models. Man könnte meinen, dieses aggressive Verhalten und das Verklagen seien äußerst übertrieben. Allerdings verrechnen die Agenturen für ihre Vermittlungsdienste 10-25 % der Jobeinnahmen und bei den größten Models handelt es sich dabei um Millionengagen. Zudem dauert und kostet es, ein Model zu entdecken, aufzubauen und in den ersten Jahren zu finanzieren. So betrachtet ist das Abwerben bereits aufgebauter Models, ein hoher wirtschaftlicher Schaden und zugleich ein Vertrauensbruch. Am Ende wurden sogar schamlos die sogenannten Booker abgeworben − die Bürokräfte einer Agentur, die nicht nur die Termine der Models koordinieren, sondern auch deren erste Ansprechpartner sind.

1.6 Pinup-Models in der Historie

Seit über einem Jahrhundert werden ganz spezielle Models und deren Kunstform in besonderer Weise innig verehrt. Sie hatten obendrein stets Einfluss auf Mode und Kunst: die sogenannten Pinups. Der entblößte ‚nackte‘ Knöchel einer Frau bedeutete einen Skandal in der damaligen Gesellschaft um 1900. Daher waren die ersten erotischeren Pinupzeichnungen gewissermaßen äußerst gewagt. Der Start war gemacht, denn die Bilder der Künstler wurden im Laufe der Zeit bekanntermaßen immer freizügiger. Doch zunächst waren die ersten Pinups noch züchtige Illustrationen, also Zeichnungen von Frauen, die auch seriöse Cover schmückten, wie die amerikanische ‚Times‘. Die noch heute berühmten Pinpuladies wurden mit eher üppigen Kurven in zumeist provokant, witzigen Posen gezeichnet. Die Gesichter sind meist Unschuldsmienen, konträr dazu in Körperhaltung und -fülle eine eindeutig erotisch aufgeladene Stimmung, die immer ein erzählerisches Element beinhaltete. Die Pinup Girls zeichnete also durchgehend ein Teenager-Gesicht aus, verbunden mit dem Körper einer 25-jährigen Frau. „Nichts zu erkennen, aber alles erahnen können", war das Credo. Demnach waren nackte Pinups eher die Ausnahme. Als Werbemittel wurden die Illustrationen auf Streichholzschächtelchen, Werbeplakaten, Süßigkeitenverpackungen und mehr verwendet – getreu dem Motto: ‚Sex sells‘. Die Massenkommunikationsmittel waren in jener Zeit Bücher, Magazine und Zeitschriften, aus denen die Frauen ausgeschnitten und an die Wand ‚gepinnt‘ wurden. Daher kam auch der Name. Zur Jahrhundertwende waren diese Bilder gerade in Kalendern sehr gefragt. Später dann bekamen die Pinups eine solche Popularität, dass sie massenhaft auf Postern und Postkarten gedruckt wurden. Und da sich auch die Fotografie immer weiter entwickelte, wurden schlussendlich Zeichnungen immer mehr durch ‚echte‘ fotografierte Ikonen der Zeit abgelöst. Millionenfach führten im Zweiten Weltkrieg US-Soldaten Pinup-Bilder mit sich. Sie dienten zur Erhaltung der angekratzten Moral der Soldaten. So fotografierte der ‚20th Century-Fox‘-Fotograf FRANK POWOLNY 1943 BETTY GRABLE als Pinup-Girl im Badeanzug von hinten, wobei sie den Betrachter schelmisch über die Schulter anlächelt. Das Foto entwickelte sich zum beliebtesten Pinup-Bild der amerikanischen Soldaten im Zweiten Weltkrieg und war in deren Spinden allgegenwärtig. Aber auch andere Pinup-Girls verschiedenster Künstler fanden durch die ‚GI's' im Zweiten Weltkrieg weltweite Verbreitung. Die Bilder hingen in ihren Unterkünften, Spinden und sie malten sie sogar auf die Flugzeuge. Die Pinups waren zu einer Art amerikanische Ikone geworden (vgl. www.pinup-art.de, ohne Autor). Die meisten Schauspielerinnen dieser Zeit begannen ihre Karriere als Pinups und wurden dann für den Film entdeckt. MARILYN MONROE zum Beispiel war das bevorzugte Model von EARL MORAN, bevor und während sie ein Filmstar wurde. Zahlreiche Schauspielerinnen haben für Pinup- und Glamour-Künstler Pose gestanden. Vermutlich war BETTIE PAGE, die Mitte der 1950er Jahre tätig war, das bekannteste Pinup-Girl und wird bis heute von Nostalgikern geliebt und verehrt. Zudem sollen noch große Namen wie BRIGITTE BARDOT, SOPHIA LOREN, JAYNE MANSFIELD und Lili St. Claire, genannt werden. Auch heute noch gibt es eine große Liebhaberszene der alten Bilder und neuer Fotografien im alten Stil. Gerade in Amerika arbeiten Burlesque-Tänzerinnen, die die klassische Pinupfotografie als Werbemittel nutzen und sogar ein paar wenige Models, die sich auf das Modeln im Oldschool-Pinupstil spezialisiert haben und gar davon leben. Zudem haben sich heutige verschiedene Stränge des Modelns und auch Mode aus dem ursprünglichen Pinup entwickelt, daher sollte es hier nicht unerwähnt bleiben.

Exkurs: Meine Erfahrungen als Pinup

Zu Beginn meiner Modelkarriere waren ca. 50 % meiner Shootings und Laufstegjobs im klassischen Pinup-Stil. Da ich selbst keine High-Fashion-Laufstegmaße, sondern eher eine kurvige Sanduhrenfigur habe, die zum Schönheitsideal dieser Epochen passt, fiel mir das Arbeiten in dem Bereich besonders einfach. Ich konnte meine Individualität und meine speziellen Vorzüge ausnutzen. Meine Lieblingsfotografin ‚Mimikry' hat sich auf diesen Stil spezialisiert und buchte mich bereits anfangs meiner Karriere für Jobs und freie Arbeiten. Durch diese angesammelten Referenzen stieg mein Marktwert. Der weiblich-niedliche, sexy — aber nicht ‚billige' Kleidungsstil, verbunden mit den verspielten, frechen Posen, gefiel mir bei diesen Arbeiten ganz besonders. Die-Stil hat einfach einen gewissen Charme für mich. Ich genieße es aber gene-in verschiedenste Rollen schlüpfen, mich auch mal sehr ‚fraulich' zu zeigen (im Pinupstil) und auch entgegen dessen mal androgyn.

© Mimikry | Berlin

Da ich allerdings der gesamten Mode(l)szene/dem Business immer kritisch gegenüberstand, hatte ich auch, was das Pinup angeht, meine Bedenken und Kritikpunkte. Bei diesem Bild-störten mich von jeher die-unfähige, schusselige, gar ‚dümmliche' Darstellung der Frauen sowie deren Objektivierung.

Obwohl es dort weiblichere Formen zu sehen gab im Vergleich zur Fashionindustrie, so waren doch alle Models sehr schlank (ca. Konfektion ‚S'), immer mit Wespentaille gezeichnet. Demnach gaben die Bildnisse so jungen Frauen und jugendlichen Mädchen, ebenfalls wie heutige Modelfotografien, ein exaktes Idealbild vor. Ähnliche Proteststimmen wie meine gab es auch damals schon. Allerdings kam dieser Stil auch zu Zeiten der viktorianischen, hochgeschlossenen Mode auf und für viele Frauen bedeutete das Pinup auch eine Art Befreiung des Schams vor dem weiblichen Körper. Es ging ihnen um einen natürlichen Respekt der weiblichen Schönheit und ihrer Emanzipation im Allgemeinen, dem Freimachen vom Verhüllen und ‚perfekt sein müssen'. Vermutlich fühlte ich ebenso zur Anfangszeit meiner Modelarbeit. Ich genoss es meine Fraulichkeit erstmals zu zeigen und zu zelebrieren, nach all den Jahren der starren Ablehnung konventioneller Rollen und Weiblichkeit an sich. Es war eine neue, spannende Erfahrung. Allerdings wurde mir der

© Mimikry | Berlin

immer gleiche Stil persönlich schnell zu abwechslungslos, da ich mich gerne weiterentwickle und verschiedene Sachen ausprobiere. So kehrte ich dieser Riege den Rücken und probierte mich anschließend im Fashionbereich und Hairmodeling aus. Allerdings war ich als Pinupmodel von den treuen Fans der Stilrichtung sehr geschätzt und bekam das Gefühl, man würde, im Vergleich zu anderen Modelbereichen, mit überdurchschnittlicher Wertschätzung behandelt. Nicht verwunderlich, denn es handelt sich ja auch um eine Liebhaberszene. Deren Verehrer diese melancholisch künstlerischen, niedlich-sexy Bilder bevorzugen – jene, die eben nicht komplett nackt sind, sondern eher erahnen lassen. Entgegen des Nackttrendes vieler anderer Fotografie-Sparten. Vielleicht liegt auch gerade da der Grund des gewissen Respektes gegenüber den Models. Was ursprünglich als skandalös galt, ist heutzutage prüde. Im normalen Tattoomodeling-Bereich zum Beispiel ist es generell äußerst unbekleidet. Dementsprechend direkt und sexuell-explizit sind auch die Reaktionen auf die Bilder und auch die Versuche der Kontaktaufnahme mit den modelnden Frauen. Das empfand ich nicht so massiv und unangenehm zu meinen Pinup-Zeiten.

1.7 Weitere Modeltypen und Arbeitsfelder

Neben den bereits vorgestellten Fashion- und Fotomodels und den klassischen Pinups, entwickelten sich über die Jahrzehnte noch weitere Zweige der Modelszene. Auch wenn auf diese hier nicht speziell eingegangen werden soll, da sich diese Arbeit vorranging auf weibliche, konventionelle Fashionmodels (in Werbung, Printmedien und auf Laufstegen) konzentriert, sollen sie trotzdem kurz vorgestellt werden. Manche der großen Fashionmodels oder auch Topmodels landeten bereits in den Schocknews der Presse, da sie sich komplett nackt machten für den bekannten ‚Pirelli Kalender' oder ein beliebiges Magazin. Und dann gibt es Medienbekanntheiten wie PAMELA ANDERSON oder KATIE PRICE – sogenannte **Nackt(Nude)models** oder auch Erotikmodels genannt, die ausschließlich oder hauptsächlich nackt modeln. Schönheitsoperationen, vor allem an Oberweite, Gesicht und anderen Körperstellen, sind in dieser Sparte üblich. Die Vertreterinnen dieser Kategorie erscheinen dann in Erotikmagazinen, Nacktkalendern, in nächtlichen Callservice-Werbungen oder in anderen Werbemitteln. Eine Karriere in dieser speziellen Branche ist, aufgrund der hohen Ansprüche an den nackt präsentierten Körper, meist sehr kurz. Manche versuchen parallel eine mediale Bekanntheit aufzubauen, um sich dann später Verdienstmöglichkeiten mit Moderationen oder Gastauftritten in TV und Presse zu sichern. Viele Pornodarstellerinnen begannen nach eigenen Aussagen ihre Karriere in dem Nacktmodelbereich und gingen dann einen Schritt weiter zum Pornofilm. Als Glamourmodels bezeichnet man sich nur partiell ausziehende Models oder solche in sehr knappen Bikinis oder Unterwäsche.

Einer der ältesten Bereiche des Modelns ist der des **Kunstmodels**. Bereits die ersten archäologisch ausgegrabenen oder erhaltenen Abbildungen und Figuren von Menschen, hatten womöglich Modelle aus Fleisch und Blut als Inspiration oder Vorlage. Kunstmodel kann gewissermaßen jeder sein, unabhängig von Alter, Körperbau und Schönheit. Voraussetzung ist nur, dass sie sich dazu in der Lage fühlen, für künstlerische Aufnahmen lange Zeit reglos verharren zu können. Einige eher künstlerisch als massenorientiert arbeitende Fotografen, Maler und Bildhauer haben sich von jeher und bis heute, gerade darauf spezialisiert, Models abzubilden, die eben nicht dem Standard-Model entsprechen.

Unter einem **Parts-Model**, geläufiger unter dem Namen Körperteilmodel, versteht man Personen, die nur einen Teil ihres Körpers für Foto- oder Filmaufnahmen zur Verfügung stellen. Auch hierfür besteht eine rege Nachfrage, um verschiedene Werbezwecke abzudecken. Sehr häufig handelt es sich bei Körperteilmodels um Hand-, Fuß- oder Haarmodels. In diesem Bereich können auch Personen arbeiten, die vielleicht nicht den hohen Anforderungen eines Laufstegmodels entsprechen, aber sich hiermit einen Nebenverdienst erarbeiten.

Seniormodels oder auch ,Best-Ager' genannt, also Models im ,besten Alter', sind, wie der Name schon vermuten lässt, ältere Menschen, die gerade aufgrund ihres Alters gebucht werden. Sie werden eingesetzt für passende Werbebranchen, Spezialzeitschiften oder wenn ein Designer ausnahmsweise ein besonderes Model auf seiner Show voller Teenagermädchen laufen lassen möchte. Wichtig dabei sind für das junggebliebene Model eine lebensfrohe, gesunde Ausstrahlung, ein gepflegtes Äußeres und eine allgemein hohe Attraktivität. Falten sind erwünscht, denn es geht nicht um Perfektion, sondern natürliche Schönheit.

Mit der Bezeichnung ,**Plus-Size**' umfasst man all jene Models, die hauptsächlich Übergrößenkleidung bewerben. Sie werden selten für große Magazineditorials oder Designer gebucht. Nur in Ausnahmefällen findet man sie dort. Allerdings können sich die Übergrößenmodels über die momentane Auftragslage nicht beschweren, denn sie sind gefragt wie nie. Bekanntermaßen ist das Durchschnittsgewicht der Menschen steigend und damit auch die Nachfrage nach der Kleidung und den passenden präsentierenden, bewerbenden Models. Ihre Konfektionsgröße beginnt üblicherweise ab 42. Sie müssen neben einem hübschen Gesicht gute Proportionen vorweisen. Gerade in diesem umstrittenen, sensiblen Bereich kochen in der Gesellschaft immer wieder Skandale und Empörungen hoch. So bewarb der schwedische Moderiese ,H&M' 2013 groß auf seiner Homepage, neuerdings ein Model für Übergrößen zu buchen. Tatsächlich hatte sie eine vermutliche 38 und keinesfalls überdurchschnittliche Kurven aufzuweisen. Sie sollte nun aber Kleidung ab Größe 44 bewerben, denn die ,H&M+'-Sparte des Katalogs beginnt ab dieser Konfektion. Dementsprechend verärgert reagierten User im Netz mit Kommentaren wie: *„Ob das Übergrößen-model im neuen ‚H&M'-Katalog wusste, dass sie Übergrößenmodel wird?"* Das Modehaus entschuldigte sich und das schon zum zweiten Mal in kurzer Zeit. Im Jahr zuvor zeigten sie superschlanke, mit Bildbearbei-tungsprogrammen stark nachbearbeitete, dunkelbraun-verbrutzelte Bikinischönheiten in einer Bademodenkampagne, die dann bei Haut-ärzten und Gesundheitsorientierten für Empörung sorgten. Die Models sahen von der Farbgebung aus wie krosse Brathähnchen.

‚H&M' ist global der zweitgrößte Bekleidungsanbieter und laut ihrem 2013er ‚Annual reports for shareholders' (= jährlicher Bericht für den Auktionärskreis) war ihr „Profit after tax SEK (= Profit nach Steuerab-zug in schwedischen Kronen): 17.2 billion" (= ca. 1,82 Billionen Euro). Sie haben also horrenden Einfluss und Vorbildfunktion für Millionen Menschen.

Models die durch ein besonderes Aussehen auffallen, arbeiten im Be-reich des **Spezialmodeling**. Diese speziell vermarkteten Besonderhei-ten können Sommersprossen sein, eine besondere Nase, Zahnlücken, herausragend schöne Haare oder ein allgemein spezieller Look. Auch selbst gewählte Individualität durch Tätowierungen, Piercings oder bunt gefärbte Haare kann eine besondere Erscheinung ausmachen und spezielle Jobs einbringen. Ursprünglich konnten Spezialmodels kaum vom Modeln leben. Sie hatten nur vereinzelt Aufträge. In den vergan-genen Jahren erfreuen sich spezielle Models aber solcher Beliebtheit, dass komplett tätowierte Menschen wie der ‚Zombie-Boy', der aussieht wie ein Skelett, zu den Bestverdienern der Branche gehören und auf den großen Schauen der Welt laufen. Vor allem sieht man spezielle Ty-pen bisher bei den männlichen Models der Fashionbranche. Dort sind auffallende Bärte, Tätowierungen oder lange Haare aktuell omniprä-sent. Auch Behinderungen werden momentan als Besonderheit ange-sehen und müssen nicht mehr zwingend ein Ausschlusskriterium sein, um in dieser Branche erfolgreich zu arbeiten. Mittlerweile gibt es sogar Agenturen, die sich auf einzigartige Models spezialisiert haben.

Es finden sich so auch Agenturen, die alternativen Models, aka **Alt-Models**, eine professionelle Vermittlung anbieten. Dies sind Frauen, die generell herausragend aussehen, sich aber alternativ stylen. Und sogar ‚Uglymodels', also wortwörtlich übersetzt ‚hässliche Models', finden

heutzutage eine professionelle, auf sie spezialisierte Agenturvertretung.

Aber auch die klassischen Agenturen nehmen mittlerweile Models
auf, die die üblichen strengen Anforderungen an ein Model erfüllen,
aber tätowiert/gepierct/alternativ gestylt sind. Man findet sie in den
‚People'- oder auch ‚Faces'-Kategorien, in denen auch die Seniormodels
und andere besondere Werbegesichter eingeordnet sind.

Exkurs: Mein Arbeitsbereich in der Welt der Mode

**Meine berufliche Entwicklung vom Alt-/Tattoomodel zum Commercial
Model** Aufgrund meiner zahlreichen, großflächigen Tätowierungen lag
es nahe, meinen Werdegang zunächst als sogenanntes ‚Tattoomodel'
zu starten. Mein erstes Shooting war demnach das Cover des beliebtesten deutschen Tätowiermagazines. Da ich Vorhaben, wenn überhaupt,
professionell angehe, begann ich mit Recherchen über die aktuellen
Größen der Tattoomodel-Szene. Diese Frauen waren faszinierend. Sie
wirkten auf mich stark und unabhängig. Kamen mir vor wie jene Vorbilder, die Teenager dazu ermutigen, zu ihrem Aussehen und Style zu stehen. So dass sie sich selbst verwirklichen können, unabhängig davon,
wie Autoritäten oder die Gesellschaft es von ihnen erwarten. Ich konnte
mit meiner anfänglichen Naivität zunächst kaum Verwerfliches an dieser Branche erkennen und begann mit den ersten Fotoshootings. Bei
denen standen merklich meine Tattoos im Fokus. Nach kurzer Zeit versuchte ich mich, wie bereits erwähnt, auch im klassischen Pinup-Stil.
Im Verlaufe der Jahre realisierte ich mehr und mehr die wahre Natur
des Tattoomodelns. Es geht bei den Fotografien vornehmlich um alter-
nativ-aussehende Frauen, die sich nackt oder in knapper sexy Kleidung,
in Posen präsentieren, mit denen sie sich gewissermaßen dem Betrachter anbiedern. Dazu wird ein verruchter Blick aufgelegt oder auch eine
leichte, aber doch überlegen wirkende Arroganz in der Ausstrahlung.
Ich kann die unzähligen Male, während denen ich bei Shootings gedrängt wurde, meine Kleidung abzulegen, gar nicht mehr zählen. Es ist
eben ein stark überlaufener Bereich. Daher feiern diejenigen Mädchen
in dieser Sparte den größten Erfolg, die am meisten zeigefreudig sind
und zudem aus der Masse hervor stechen, durch einen noch spezielle-

ren Look als die Anderen. Das kann durch besonders viele flächige Tattoos, Schönheitsoperationen, bunte Haare oder Piercings erreicht werden oder gleich all das in Kombination. Da durch besonders sexy Bilder auch die Szene-Fotografen mehr Aufmerksamkeit generieren, drängen viele ihre Models unentwegt zur Freizügigkeit. Den herausstechenden Look konnte ich vorweisen, aber mit der Nacktheit und dem Anbiedern wollte ich partout nicht dienen. So nahm ich als Konsequenz Abstand von der Bezeichnung des ‚Tattoomodels'. Verdiente mein Geld daraufhin lieber mit vertretbarer Fernsehwerbung und Commercial-Shootings für Brillen, Bekleidung, Hairmodeling und was sich sonst noch anbot. Bis zum heutigen Tage widerspreche ich strikt der Bezeichnung und lasse mich allemal als alternatives Model bezeichnen − ein sehr weiter, offener Begriff für alle, die sich von den klassischen Standards eines Fashionmodels abheben. Ansonsten reicht auch einfach ‚Model'.

2 Die Models der Gegenwart

„Die Modebranche erkannte die wirtschaftliche Macht
der Schönheit und kreierte Models als Schönheitsvorbilder,
um sie dann zu vermarkten und Schönheit selbst
als etwas Kaufbares und Machbares zu propagieren."

Magdalena Wolak: Magisterarbeit
‚Soziale Macht der Schönheit –
Berufsschönheit – Model'

In ihrer eben zitierten Magisterarbeit betrachtet MAGDALENA WOLAK
das Modeln als Beruf im rein wirtschaftlichen Kontext. Das Aussehen
‚verwirtschaftlicht' also – Schönheit als Beruf und Models die universellen Vorbilder in Aussehen und Lebensstil. Einige kreierte Marketing-
Mechanismen nutzen aus, dass viele Frauen ihr Handeln und sich
selbst regelmäßig kritisch hinterfragen. Sie nähren Selbstzweifel und
versprechen kaufbare Abhilfe. Schlechte Vorbilder wirken wie auch ein
schlechtes soziales Umfeld, als negative Verstärker auf das (anerzogen)
selbstkritische, weibliche Ego (vgl. Stephanie Gruppe, blog.modeflues
terin.de)

Es ist nun seit dem Beginn des Modelberufs, Anfang des 20. Jahrhunderts, ein riesiger finanzkräftiger Wirtschaftszweig gewachsen – auf
Basis der geschürten Unsicherheiten von Frauen und auch vermehrt
denen der männlichen Exemplare unserer Gattung. Die Models profitieren davon, dass ein neuer Berufszweig entstanden ist, der Potenzial für
hohe Einkünfte und einen spannenden Lebensabschnitt besitzt.

Doch entgegen anderen anerkannten Berufen gibt es hier weder Ge-
werkschaften, die Unterstützung anbieten, noch klare Beschreibun-
gen, was dieses Arbeitsfeld und dessen Verdienstmöglichkeiten beinhalten. Auch sind keine Praktika möglich, bei denen man einen Einblick
gewährt bekommt. Dabei treten gerade in diesem Bereich übermäßig
viele ‚schwarze Schafe' auf. Und man fragt sich zwangsläufig: warum

gerade in dieser Branche? Womöglich wird dieser Beruf schlichtweg als solcher nicht ernst genommen. Als Folge fehlen überwachende Stationen sowie Anlaufpunkte für ratsuchende Models. Aufgrund dessen stehen dann wiederum die Türen offen für moralisch verwerfliche Menschen, die aus den jungen Männern und Frauen ihren persönlichen Vorteil ziehen. Wie gestaltet sich die Branche? Was braucht man nun, um überhaupt Model werden zu können? Wie sehen die Verdienstmöglichkeiten aus? Und wie entstehen das heutige öffentliche Bild des Berufes und die Schönheitsideale dieser modernen Gesellschaft durch den Einfluss der Medien? Diese und mehr Antworten im Folgenden.

2.1 Allgemeines zur Branche

Infos, Zahlen, Fakten zur heutigen Modeindustrie

„Die Mode ist eine charmante Tyrannei von kurzer Dauer."
Marcel Achard

Produzierte Schönheitsideale und Mode sind ein alltäglicher, fester Bestandteil der modernen Welt. Stetig kommen neue Designer nach und revolutionieren den Markt mit ihren eigenen Visionen von Fraulichkeit, Schönheit und Mode. *„Der Götzendienst an der Schönheit wird weitergehen, solange es Menschen und Mode gibt, und immer werden neue Prediger auf die Kanzel steigen, um sich und ihre Entwürfe zu produzieren."* – Ullrich Fichtner, 2005, o. S.

Aber welcher dieser Designer wird Karriere machen? Welche Trends setzen sich durch? Welches jugendliche Model wird das neue Idol von Millionen? Was kommt in die Geschäfte? Worüber wird in den Modemagazinen berichtet und worüber nicht? – Jene bereits einflussreichen Designer, Einkäufer, Stylisten, Redakteure, Blogger, etc., die darüber entscheiden, gehören zu den gefürchtetsten und mächtigsten Menschen dieses Business.

Anna Wintour, Chefredakteurin der amerikanischen Modezeitschrift ‚Vogue', der ‚Fashion-Bibel', gilt als einflussreichste Person der Industrie. In Lauren Weisbergers Roman ‚Der Teufel trägt Prada' (2003) und dem gleichnamigen Film (2006) wird sie porträtiert und in kein besonders gutes Licht gerückt, erlangte allerdings noch mehr Bekanntheit.

Die Modeindustrie hat unvorstellbaren Einfluss auf unsere Wahrnehmung von Schönheit und Stil, von Moden und dadurch Auswirkungen
auf unser Kauf- und Sozialverhalten. Selbst einem reflektierten Menschen, der sich distanziert von Vorgaben aktueller Trends, sich gegebenenfalls sogar durch einen eigenen Stil abgrenzt, wird durch allge-
genwärtige Medien unbewusster Beeinflussung zuteil. Niemand, der in
westlichen Zivilisationen lebt, kann sich den visuellen Einflüssen komplett entziehen. Die eigene Kleidermode ist in Hinblick auf Sinn und
Zweck ein Kommunikationsmedium. Sie wird bewusst benutzt, um zu
demonstrieren, welcher Gesellschaftsschicht man angehört und wird
als Ausdruck des eigenen Selbst verstanden. Letzteres betrifft im Besonderen junge Menschen, denn sie sind noch intensiver auf der Suche
nach der eigenen Identität. Ein Phänomen des 21. Jahrhunderts ist die
zunehmende Uniformierung des äußeren Erscheinungsbildes Jugendlicher, also eine Mode-Konformität innerhalb sozialer Gruppen. Heutzutage hat kaum noch ein Kind oder Teenager den Mut, den eigenen
Kleidungsstil zu tragen oder den persönlichen Geschmack in Sachen
Musik, Hobbies oder anderen Vorlieben, kundzutun. Ausgrenzung oder
Mobbing wären mögliche Folgen und so bevorzugen sie den einfachen
Weg der Anpassung. Kaum jemand ist vor Bewertung und Kommentaren geschützt. Selbst ich wurde von jungen, befreundeten Skateboar-
dern vor kurzem in der Bahn abschätzig gefragt, was ich denn da bitte
anhätte. Ich hab nur verwegen gelächelt, denn erstens waren sie nicht
wirklich an einer Antwort interessiert/wollten nur kommentieren und
bloß stellen. Zweitens konnte ich die Mobber bei unserem zufälligen
Treffen lediglich an einem genauen Blick auf ihre Gesichter erkennen.
Ihr Kleidungsstil ist dermaßen angepasst, dass ich sie gerne als Klon-
krieger bezeichne – all diese gleich-aussehenden, kleinen Skater mit
dem viel zu großen Ego.

Die Vorgaben des Stylings kommen von Seiten der Meinungsführer
der Mode: der Bekleidungsindustrie und den Modedesignern, zum Teil
auch von führenden Magazinen und anderen Medien (Fashionblogs
etc.). Diese sind dann folglich auch die Höchstverdiener der Branche
und das überwiegend bedingt durch clever platzierte, moderne Mar-
keting-Strategien mit den üblichen Verlierern des Kapitalismus. Die
natürlich zugunsten des Profits in Kauf genommen werden. Die Not-

wendigkeit für Werbung kristallisierte sich erst in der Entwicklung der Modeindustrie heraus. Im Verlauf der Geschichte wurden Modemacher zunehmend damit konfrontiert, dass der Markt übersättigt war und wo kein Bedarf mehr war, mussten neue Wünsche geweckt werden. Zu diesem Zweck begannen sie verschiedenste Strategien und Techniken der Bewerbung der Mode zu benutzen, mit Hilfe von standardisierten Körpern, die diese präsentieren.

Die möglichen Jobs, die auf ein angehendes Model zukommen können, sind ebenso vielfältig, wie unterschiedlich in den Abläufen und Anforderungen. Hier ein paar Beispiele:

- ein *Covershooting* bedeutet das Posieren für das Titelbild eines Magazins
- *Editorial Shootings* sind Aufnahmen im redaktionellen Bereich von Zeitschriften – sie werden von der Redaktion selbst in Auftrag gegeben und die Models präsentieren auf den Fotos aktuelle Modehighlights, Frisuren, Kosmetik, Accessoires oder anderes
- bei Katalogaufnahmen müssen die neuesten Kleidungsstücke und Accessoires der Saison abfotografiert werden
- *Werbung – Fotografien* oder auch als Fotokampagnen bezeichnet – hierbei geht es vorrangig darum ein bestimmtes Produkt oder eine Firmenphilosophie zu bewerben
- *Werbung – Filmaufnahmen* sind Werbefilm-Kampagnen, ähnlich gelagert wie Fotografiejobs dieser Art, nur vor laufenden Kameras
- das *Showroom-Laufen* als Job sind Bookings quasi für Miniaturversionen von Laufstegen, veranstaltet in den Showrooms der Designer
- *Statistin in Musikvideos, Filmen, Serien, etc.* sind Statistinnenrollen zumeist zur optischen Aufwertung der Produktionen. Selten kann es auch zu Buchungen für komplette Rollen in Filmen kommen – zum Beispiel als Hauptdarstellerin oder Nebendarstellerin
- lukrative Jobs sind auch im *Teilkörpermodel*-Bereich zu ergattern – es wird nur ein ganz bestimmter Körperteil für die Aufnahmen benötigt, zum Beispiel die Hände für Nagellack
- der Laufsteg ist wohl der bekannteste dieser verschiedenen Facetten der möglichen Arbeitsbereiche – die Models müssen mit den neuesten Designerstücken über den Catwalk laufen

Ein Model kann sich auf einen Bereich spezialisieren oder verschiedene abdecken, je nach Auftragslage oder aktuellen Modeltyp-Vorlieben. Die Meisten streben jedoch nach dem größten Prestige, den die Modelwelt zu bieten hat: auf den Modenschauen zu laufen für die großen Designer.

Modenschauen und Modewochen

Ein zentrales Mittel mit Tradition, um die eigens designte, aktuelle Kollektion zu präsentieren, sind Modenschauen – eine oft pompös inszenierte Präsentation von Bekleidung. Gerade während der berühmten, zentral organisierten Modewochen finden unzählige davon statt. Die ‚Großen Vier' wichtigsten Veranstaltungsorte in denen regelmäßig, meist zweimal jährlich, zu festen Terminen (jeweils die Frühjahr/Sommer- bzw. Herbst/Winter-Saisons), die einflussreichsten Shows abgehalten werden, sind: Paris mit den ‚Pariser Modenschauen', Mailand mit der ‚Mailänder Modewoche', London mit der ‚London Fashion Week' und New York City mit der ‚New York Fashion Week'. Aber auch in anderen Ländern werden derart Fashionevents abgehalten. In Berlin hat sich die ‚Berlin Fashion Week' bereits fest etabliert, dabei wurde sie erst 2007 integriert. Der Zutritt zu diesen Veranstaltungen ist normalerweise ausschließlich geladenen Gästen vorbehalten. Solche können neben den treuesten und besten Kunden der Modefirmen, egal ob Privatpersonen oder Einzelhändler, auch international bekannte Modejournalisten sein und im Zuge der Steigerung des medialen Interesses zudem auch oft prominente Zuschauer. Seit einigen Jahren nimmt der Einfluss der Modeblogger auf aktuelle Trends stetig zu und dem geschuldet werden vermehrt auch die Blogger persönlich zu solchen Events eingeladen. Die Designer stellen vorwiegend ihre Haute Couture (franz. ‚gehobene Schneiderei') bzw. ihre Prêt-à-porter (franz. für ‚bereit zum tragen') Kollektionen vor. Für die großen Modemarken mit ihren jeweiligen prominenten Aushängeschildern – den Designern, sind die imposanten Modenschauen eine Prestige-Veranstaltung. Sie versuchen, neue Trends zu setzen und investieren dazu bis zu einer Million Euro. Gegebenenfalls auch noch mehr, wenn ‚notwendig'. Ein paar der größten Namen sind: BOSS, Burberry, Giorgio Armani, Calvin Klein, Chanel, Dolce & Gabbana, Dior, Escada, Gucci, Jil Sander, Lagerfeld, Louis Vuitton, Prada, Ralph Lauren, Valentino, Versace, Yves Saint Laurent und viele mehr. Das investierte Geld fließt vorwiegend zu ausgefallenen Veranstaltungsorten und zu aufwändiger Licht- und Tontechnik, zu den renommiertesten Visagisten und Stylisten und an weitere Instanzen, die eine derart große Show ermöglichen. Die Models bekommen wohl den kleinsten Teil vom Kuchen. Fashionshows sind bekannt für die schlechte Bezahlung der Mannequins. Jedoch ist solch ein Riesenevent für viele andere Personen und Betriebe ein wirtschaftlicher Segen: *„Neben der Mode- und Textilbranche vor allem das Hotel- und Gaststättengewerbe, der Einzelhandel, öffentliche und private Kultureinrichtungen, Eventdienstleistungen wie Sicherheits- und Ordnungsdienste, Sekretariats-, Schreib- und Übersetzungsdienste, Ausstellungs- und Messeeinrichter, Kraftfahrzeug-Verleihfirmen, Parkhäuser, Tankstellen, Telekommunikation und Fotografisches Gewerbe sowie Kredit- und Versicherungsgewerbe profitieren von der Berliner Modewoche. Aber auch für viele lokale Bus- und Taxiunternehmen stellt der Modetourismus zur Fashion Week eine wichtige Umsatzgröße dar."* Es werden aufgrund des Wirtschaftswachstums hunderte Arbeitsplätze geschaffen, von denen ungefähr die Hälfte zumindest für eine gewisse Zeit erhalten bleibt. (Pressemitteilung der ‚IBB', Förderbank des Landes Berlin, 22. Januar 2010). Wirtschaftssenatorin CORNELIA YZER in einer Pressemitteilung vom 22. Januar 2015: *„Mit zehn Messe- und Modeschauplattformen, 70 Modenschauen und über 3.000 Marken waren wir in dieser Saison so breit aufgestellt wie noch nie. Insgesamt hat die Modewoche rund 120 Millionen Euro zusätzliche Wirtschaftskraft nach Berlin gebracht."*

2.2 Aktuelle Trends der Voraussetzungen für den Modelberuf

Heutige Models sind vornehmlich ‚anonyme Kleiderständer' mit einem auferlegten Meinungsverbot, die aber gleichzeitig der Zielgruppe der Mode- und Fashionbegeisterten laut und deutlich ein strittiges Frauenbild in Sachen Körperbau und Auftreten vorgeben. Zwar veröffentlichte die Kosmetikfirma ‚Dove' Werbespots und Kampagnen für ihre Creme mit Frauen ‚normaler Statur', die Frauenzeitung ‚Brigitte' buchte entgegen dem üblichen Magertrend zeitweise nur noch die klassische ‚Frau von nebenan' und auch Bekleidungsgigant ‚H&M' versuchte sich in ihren Kampagnen auch mit fülligeren Models mit normalem Aussehen. Gutgemeinte Anfänge. Doch was nützen solche ‚Tropfen auf den heißen Stein', wenn die Drahtzieher der Branche – die großen Designer, der Gesellschaft immer noch ein extremes Bild von Schönheit als Idealbild vorsetzen?

„Mode lebt von Träumen und Illusionen. Die Menschen wollen das Extreme, nicht das Normale", so KARL LAGERFELD. *„Wenn ein angesagter Modedesigner hagere, riesengroße Mädchen über den Laufsteg schickt, die mit seiner aktuellen Kollektion umwerfend aussehen, dann werden ihm andere folgen, um an den Erfolg anzuknüpfen",* sagte die Lektorin für Modegeschichte und Modetheorie der Kunstuniversität Linz, UTA MARIA MATSCHINER. Die Schönheitsvorbilder der jeweiligen Generation werden also von den Großen der Branche kreiert, gänzlich wie ein Kunstwerk, ohne Rücksichtnahme darauf, was gesund für die Models selbst oder die Zielgruppe der Industrie wäre. Als Konsequenz unterliegen viele Frauen einem Schönheitswahn, angeheizt durch die Models, deren Vorbild sie nachzueifern versuchen. *„Schönheit liegt im Auge des Betrachters",* scheint demnach bewiesenermaßen veraltet zu sein. Vielmehr liegt gegenwärtig die Schönheit im Auge des angesagten Designers und gehypten Fotografen.

Aber auch andere haben Einfluss auf das Aussehen der gebuchten Models. Es sind Agenturen sowie Magazine, die bestimmte Models scouten. Die deutsche Ausgabe der ‚VOGUE' zum Beispiel, listete auf ihrer Webseite ihr Verständnis der Voraussetzungen einer Modelkarriere ganz öffentlich so: Einstiegsalter: 14-20 Jahre*, Größe: 172-182 cm*, Maße: 90-60-90 (bei Kleidergröße 38)*, Kleidergröße: 34-38*, Schuhgröße: 37-41*, Gesicht: ebenmäßig, symmetrisch, hohe Wangenknochen (gibt dem Gesicht Kontur), große freiliegende Augen und volle Lippen (lassen sich besser schminken) Haut: rein, klar, glatt; Haare: gesund, gepflegt, typgerecht; Zähne: gerade, weiß; Physis: fit, stressresistent, Veranlagung zum Schlanksein; Psyche: Nerven wie Drahtseile, diszipliniert wie ein Leistungssportler. * Bei ganz besonderen Typen sind Abweichungen möglich ...

Sie sagen weiter: *„... die Optik muss stimmen, den gängigen Vorgaben entsprechen – und doch sollte man als Model das gewisse Etwas mitbringen. Grundsätzlich gilt: Nicht jedes Model kann in allen Bereichen arbei-*

ten, sprich, wer zu klein für den Laufsteg ist, kann beispielsweise trotzdem sehr erfolgreich im Bereich Werbung sein. Es gilt also, die passende Nische für sich zu finden, in die man am besten passt."

Fakt ist, dass jede heranwachsende Frau, welche eine professionelle Karriere als Model anstrebt, bestimmte Kriterien erfüllen muss, um eine wirkliche Chance zu haben. Diese Voraussetzungen schwanken in den Angaben der einzelnen Agenturen und von der einen Modemetropole zur anderen. Beispielsweise dürfen Frauen in Asien kleiner sein als auf dem amerikanischen Markt. Zur heutigen Zeit muss ein Laufstegmodel eine Körpergröße von mindestens 1,75 m aufweisen. Kleinere Mädchen gelten auch bei Fotoshootings als ‚schwer vermittelbar' und werden kaum überhaupt in eine Agenturkartei aufgenommen. Vereinzelte Beispiele belegen, dass trotz Abweichungen von jenen oberflächlichen Vorgaben eine Chance besteht, wenn man ‚das spezielle Etwas' hat und es zudem jemand in einem erkennt. Dieses Etwas kann eine spezielle Ausstrahlung sein oder auch etwas Besonderes im Aussehen. Prinzipiell ist der Einsatzbereich ausschlaggebend, wie es auch schon die ‚VOGUE' formulierte. Kleinere Mädchen können im kommerziellen Bereich erfolgreich arbeiten und Ecken und Kanten ermöglichen auch extravaganten Werbetypen Buchungen für Kunden, die auffallen wollen. Dass von den teilweise noch sehr jungen Frauen dahingehend viel Aufwand verlangt wird, ihren Körper fit und schlank zu halten und sich auch sonst gut zu pflegen, ist allgemeingültig für alle Models. Doch genügt die Erfüllung des äußerlichen Diktats der Modeindustrie nicht aus, um potenzielle Kunden zufrieden zu stellen. Auch wird Ausstrahlung, Eleganz, Grazie und Professionalität vorausgesetzt, zudem auch eine gewisse Kompetenz der Körperspannung, ein Gefühl für Körperhaltung sowie ein bestimmter Gang. Und manchmal entscheidet nur ein winziges Detail zwischen Allerweltsgesicht und Topmodel – eben das gewisse Etwas. Hat ein Mädchen schlussendlich gewisse Grundvoraussetzungen, findet die richtige Nische für sich, hebt sich von der Konkurrenz ab und kennt zudem die Tipps und Tricks der Modebranche, kann sie ihr Glück versuchen und sich durchsetzen.

2.3 Berufliche Einstiegsmöglichkeiten

> *„Könntest du dir vielleicht vorstellen,*
> *dich fotografieren zu lassen?"*
> klassischer Satz von Fotografen zum
> Ansprechen des jungen Nachwuchses

Es gibt vereinzelt gewiss Modelscouts, die offen durch die Straßen laufen, an Ständen in Einkaufszentren oder anderen städtischen Knotenpunkten stehen oder nach Osteuropa reisen, immer auf der Suche nach neuen Gesichtern. *„Manchmal sind die in Hamburg richtig dreist und stehen mit ihren Polaroid-Kameras vor den Schulen und quatschen Kinder an"* (Model Pheline: ‚Look at me', S. 28). Ebenso gehört es zur üblichen Praxis, dass Fotografen und Agenturchefs/-mitarbeiter in ihrem Alltag immer die Augen nach der nächsten Entdeckung offen halten. Allerdings werden die meisten jungen Frauen und Männer, die als Model arbeiten wollen, nicht auf der Straße entdeckt, sondern wandern mit ihren Fotomappen von Agentur zu Agentur, von Casting zu Casting und bewerben sich mühselig. Oft kassieren sie unzählige Absagen und können trotzdem Chancen haben, wenn der/die Richtige sie bemerkt. Oder eben auch nicht, denn: *„Das Model muss nicht nur schön sein, sondern auch den Anforderungen der Industrie entsprechen"*, so LOUISA VON MINCKWITZ, Agenturchefin. Zudem müssen sie das gewisse Etwas haben, das nur wenige besäßen, sagt sie. ASTRID BITTNER-UTSCH, Gründerin einer Modelschule in Wiesbaden, meinte dazu: *„Die Ausstrahlung ist fast wichtiger als die Idealmaße."* Gar nicht leicht, dies alles zu vereinen und dann noch den Einstieg ins Modelgeschäft zu schaffen. Schönheit allein reicht nicht aus, das ist Fakt. Auf den meisten Internetseiten der Agenturen finden sich fertig generierte Bewerbungsbögen mit den wichtigsten Angaben, die eine Agentur benötigt. Sie melden sich zurück bei Interesse. Für diesen Fall ist es förderlich, bereits Fotografien von der eigenen Person in unterschiedlichen Posen, Motiven und Locations zu besitzen. Also: professionelle Fotos machen lassen! Posen wie auch Mimik und Gestik sollten sehr facettenreich sein. Auch Modelwettbewerbe zum Beispiel von Model-Agenturen können ein Karrieresprungbrett für Newcomer sein. Es können Preise und Verträge gewonnen werden. Die renommierte Agentur ‚Elite Models' rühmt sich damit,

den bekanntesten Wettbewerb zu veranstalten: den ‚Elite Model Look',
für den man sich ebenfalls über ein Onlineformular anmelden kann.

2.4 Unterschied zwischen Modeln als Hauptberuf, Nebenberuf und Hobby

Die Unterscheidung zwischen Haupt- und Nebenberuf liegt in diesem Arbeitsfeld wohl in den Verdienstmöglichkeiten der einzelnen Person. Manche Kenner der Branche raten den jungen Mädels rigoros davon ab, mit zu viel Erwartungsdruck an diese Tätigkeit zu gehen, denn es kann schnell passieren, dass der Job und somit die Einnahmequelle weg ist oder gar nicht erst richtig los geht. Es wird empfohlen, was auch ich jungen Mädchen gerne rate: Am besten den Model-Job als Hobby, rein zum Spaß beginnen und einfach schauen, wo es hinführt. Nicht mit unrealistischen Vorstellungen rangehen, reich zu werden, sondern das, was kommt genießen und mitnehmen. Und sich auch nicht auf Geld verlassen, das man nicht in der Hand hält – nicht selten halten Agenturen oder vorher schon die Magazine oder Auftraggeber, die Gagen zurück oder man ist nicht gefragt und scheitert bei hunderten Castings nacheinander.

Das bedeutet aber nicht, dass man nicht trotzdem Katalogshootings, Hostessjobs oder andere kleinere Aufträge erfolgreich und mit Spaß ausüben kann und sich so sein Geld verdient. Selbstbewusstsein, Durchsetzungsvermögen, Geschäftssinn, Bodenständigkeit und Fleiß müssen die hübschen Einsteiger besitzen, um sich auch finanziell durchsetzen zu können.

2.5 Verdienstmöglichkeiten der Berufsschönheiten

Bei der Betrachtung des finanziellen Aspektes dieses Berufes unterscheiden diese Ausführungen zwischen den Erfahrungen der wenigen Großverdiener sowie denen der ebenso hart arbeitenden Normalverdiener und Newcomer der Branche.

2.5.1 Die Großen der Branche und ihr Verdienst

„Für weniger als 10.000 Dollar pro Tag
stehen wir morgens gar nicht auf."
Das ist der Ausspruch, der eines der berühmtesten Modelzitate wurde. Er kam 1990 von Supermodel LINDA EVANGELISTA. Sie sprach

dabei von sich und Kollegin CHRISTY TURLINGTON in einem Interview. Und womöglich sind eben solche Aussagen mitunter Auslöser für den Karrierewunsch von Millionen Mädchen, damals bis heute. Die beiden erwähnten Frauen gehörten zu der Zeit zu dem engen Kern einer Handvoll Topmodels, die zum Zenit der Supermodels plötzlich überall zu sehen waren. Neben ihren üblichen Werbekampagnen, traten sie in Talkshows auf, man sah sie in Fernsehwerbung und sogar für Filmrollen wurden sie gebucht. Sie verdienten Millionen in kürzester Zeit. Kurz gesagt waren sie so berühmt und mächtig wie die Prominenz aus Film und Fernsehen. In der Presse wurden sie gefeiert und verehrt. Man sah sie ausgehen mit den großen Filmstars oder begehrten Musikern. Es wirkte nach außen durchaus wie ein erstrebenswertes Leben, das sie führten.

Die große Glanzzeit der Topmodels ist vorbei. Doch seitdem haben Models, zumindest die wenigen Bekannten unter ihnen, einen festen Platz bei den Stars sicher. Die Riege der bestbezahltesten Models 2014 (Forbes Liste) führt GISELE BÜNDCHEN mit 47 Millionen Dollar jährlich an, gefolgt von DOUTZEN KROES und ADRIANA LIMA mit jeweils 8 Millionen. Was für eindrucksvolle Zahlen. Dennoch sind die Tage der 10.000 Dollar für einen Laufstegjob vergangen. Die Topmodels interessieren sich heutzutage wenig für die Laufstege, denn sie werden als eine Art Praktikum für die hunderten, unbekannten Mädels als dem Ausland angesehen, die zu den Fashionweek-Wochen die Catwalks bevölkern. Sie sprechen bei unzähligen Castings vor und machen, wenn sie denn gebucht werden, bis zu 70 Shows in sechs Wochen für 180 Euro die Stunde in ihrer ersten Saison. Ein gutes Model kann mit vielen Auftritten knapp 150.000 Euro pro Saison verdienen (,Die Zeit', 2007). Aber es ist auch möglich, dass man von dem Model nie wieder etwas sieht, da nach einer Saison ein anderer Typ gefragt ist. In der Welt der Mode will (und muss) man interessant bleiben. Daher ist sie ständig im Wandel – saisonal kommen und gehen die Trends, was Herkunft und das Äußere der Models angeht. Irgendwann kamen die Osteuropäerinnen in Mode – Massen von anonymen, blassen Mädchen, kaum im Teenie-Alter und stark an der Grenze zur Magersucht. Nur Einzelne schaffen es, sich aus dieser Masse zu erheben und einen festen Platz im Modelbusiness zu bekommen. Die Meisten werden hingegen dahin zurück geschickt, wo sie herkamen. Die wachsende Bedeutung der Prominenz aus Musik, Film und Fernsehen verdrängte seit Mitte der 1990er die Models noch zusätzlich in die Anonymität. Modedesigner, große Kosmetik-Unternehmen und andere führende Firmen nahmen nun keine Models mehr für ihre Kampagnen unter Vertrag. Sogar die führenden Modemagazine folgten diesem Beispiel. Bis heute gestaltet sich das so, denn auch aktuell glänzen merklich viele hübsche Schauspielerinnen, Sängerinnen und andere verkaufsfördernde Promis vom Titel der ‚VOGUE' und den anderen großen Zeitschriften – eben solche Frauen, die große mediale Aufmerksamkeit genießen.

Die Models, die es doch auf die Cover schaffen, sind vor allem jene Mädchen, die in den sozialen Netzwerken am aktivsten, beliebtesten und gefragtesten sind. Diejenigen also, die auch außerhalb der Modeltätigkeit hohes Ansehen genießen. Zusätzlich verdrängten die Modedesigner selbst die Models aus ihrem Rampenlicht. Viele der Designer sind heutzutage nicht selten berühmter als ihre Mannequins. Als exzentrischer Modezar berühmt geworden und mittlerweile der bekannteste Designer weltweit, ist der Deutsche KARL LAGERFELD. Er ist nicht nur Modeschöpfer, Designer und Kostümbildner, sondern auch Fotograf und berüchtigt für seine legendären, kontroversen Aussprüche. Währenddessen die Chancen in der Modebranche Ruhm und Erfolg zu erlangen immer mehr schwanden, ermöglichte das Etablieren der Bildbearbeitung den bereits etablierten Models, länger im Business zu bleiben. RICHARD HABBERLY, Agent von ‚Elite-Models', erklärte dazu: *„Das hat den Alterungsprozess vollständig gestoppt."* Die ‚alten Hasen' der Topmodelriege der 80er und 90er des vorigen Jahrhunderts können also jetzt mit Ende 30/Anfang 40 den jungen Models noch Aufträge wegnehmen und locker aussehen wie 20 Jahre zuvor.

Die Wirkung des Unterwäsche-Konzerngiganten ‚Victoria's Secret' als Model-Macher bewies sich als Konstante der Branche. Wer für sie läuft, bekommt eine Karriereförderung, die nur mit denen der Hollywoodstudios in den 1930/40ern für ihre Schauspielerinnen vergleichbar ist. Sie widerstrebten sich immer schon dem Trend der Prominenten-Buchungen und investieren massig Zeit und Kapital in den Karriereaufstieg ihrer Models. Um allerdings überhaupt einen Millionenvertrag bei ‚Victoria's Secret' angeboten zu bekommen, muss man sich viele Jahre fleißig hocharbeiten und am Ende durch Professionalität und Persönlichkeit großen Eindruck hinterlassen. Edward Razek, Senior Creative bei ‚Victoria's Secret', sagte zu ihrer individuellen Verfahrensweise: „*Wir verschreiben uns nicht dieser namenlosen, gesichtslosen Modelroutine.*"

In dem gesamten Geschäftszweig wird man auf Schweigsamkeit geschult und es wird vertraglich abgesichert, dass man nicht über Gagen spricht. Das polnische Supermodel Anna Jagodzinska verklagte 2010 ihre einstige Agentur ‚Next' aufgrund verweigerter Gagenzahlungen. Dabei kam während des Verfahrens eine Übersicht an die Öffentlichkeit. Diese zeigte, wie viel die Models tatsächlich für ein ‚VOGUE'-Cover bekommen: ganze $125. Magazincover werden allgemein umgangssprachlich als ‚Freiwilligenarbeit' bezeichnet. Es handelt sich um Promotion für die Models, die ihnen angeblich aufgrund der Referenz Türen öffnet. Dabei könnte man den realen Verdienst aufschlüsseln und kommt so am Tag, bei bis zu 12 Stunden Shooting-Zeit, auf einen Stundenlohn von gerade einmal 10 Euro. Nicht so glamourös, wie man sich das möglicherweise vorgestellt hat. Das große Problem dabei ist, dass immer mehr Kunden, die früher angemessen bezahlten, nun die Promotion als ausreichende Bezahlung ausgeben. Milliardenschwere Unternehmen verdienen also ihre Einnahmen über dein Gesicht, dein Aussehen, deine schwere Arbeit und es ist ihnen nichts oder allenfalls 10 Euro pro Stunde wert. Mit gerechter Vergütung hat das nichts zu tun. Möglich ist dies allerdings auch nur durch das Einverständnis der Frauen für ein bisschen Ruhm oder Prestige nahezu umsonst zu arbeiten. Man muss gut abwägen, was man für die Promotion macht und wo man sich für seinen Marktwert einsetzt. Mit dem Ergattern einer großen Kampagne kann man locker den Quasi-Verdienstausfall eines Covers wieder wettmachen. So forderte die erwähnte Anna Jagodzinska (23) von ihrer Agentur laut dem Gagennachweis unter anderem ihre $60 000 von einem ‚H&M'-Job, $35 000 von der Kreativagentur ‚Laird & Partners' sowie $172 500 von ‚Grey Paris' – einer anderen Produktionsfirma.

Die harten Fakten zeigen also, dass es sehr wohl ein paar vereinzelte Höchstverdiener unter den Models gibt. Diese müssen aber nicht nur hart arbeiten, sondern auch geschickte Geschäftsfrauen sein, um sich durchsetzen zu können. Sie müssen stetig versuchen ihrem Marktwert entsprechende Gagen auszuhandeln. Die Konkurrenz kommt dabei nicht nur aus den eigenen Reihen des beständig eintreffenden Nachwuchses. Sie müssen sich zudem durchsetzen gegen Frauen aus den Bereichen Schauspiel (Film und Fernsehen), Popmusik, Celebrity (im Kontext erfolgreicher Selbstdarstellung und -vermarktung) und gegen bereits etablierte ältere Models, die heutzutage auf hervorragende Bildbearbeitungsprogramme setzen können. Die, die es geschafft haben, sehen nicht nur blendend aus und sind charismatisch. Sie sind kluge, gerissene Promotion-Expertinnen, die mit der nötigen, langjährigen Unterstützung von professionell arbeitenden Agenturen, Fotografen, private Financiers oder Unternehmen, durch Coachings wie Sprechtrainings und Schulungen im Umgang mit den Medien, wahre Business-Marketing-Meister werden. Existenzängste gehören der Vergangenheit an, wenn man einmal den Durchbruch als Topmodel geschafft hat. Ersichtlich auch hier in einer Statistik auf Basis der jährlich veröffentlichten Forbes-Liste der weltweiten Bestverdiener unter den Models:

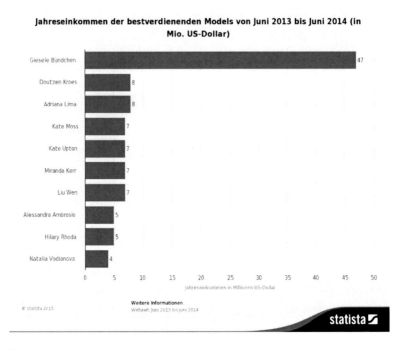

Jahreseinkommen der bestverdienenden Models von Juni 2013 bis Juni 2014 (in Mio. US-Dollar)

Margrieta Wever formuliert in ihrem Buch, dass die Supermodels eine gewisse Sonderposition einnehmen und schätzte diese auf *„10, höchstens 20 davon"*. Doch sagte sie weiterhin: *„... daneben findest du Tausende von Models, die in der Öffentlichkeit zwar nicht namentlich bekannt sind, es aber dennoch geschafft haben, sehr viel Geld zu verdienen und viel Spaß in ihrem Job zu haben."* Und genau diese schauen wir uns im Folgenden an.

2.5.2 Einsteigerverdienste bis zu den Einkünften erfahrener Models

Da es für Models keine Tarifverträge gibt, ist der Verdienst abhängig von der Art des Auftrages, ob als Foto-Modell, Laufstegmodell, Messe-Hostess, etc., der Agentur und vom Bekanntheitsgrad. Für jeden Job werden die Gagen neu ausgehandelt. Wichtig beim Verdienst ist auch der Unterschied zwischen dem Lohn und dem letztendlichen Realverdienst. Besonders bei Anfängern werden Fahrt- und Unterhaltskosten nicht oder nur selten vom Auftraggeber bezahlt, wodurch der Verdienst deutlich geringer ausfällt. Davon erhält dann zusätzlich noch die Modelagentur eine festgelegte Provision. Diese setzt sich in der Regel aus einer Vermittlungsprovision und einer Verwaltungsprovision zusammen. Die Agenturprovision liegt bundesweit bei 20-25 %, die von der Gage abgezogen werden. Der Kunde zahlt also an die Agentur und sie schicken es weiter. Allerdings erst nachdem sie die Provision und Vermittlungskosten – Ausgaben für Fotokopien, Postsendungen, Flüge und Hotels – abgezogen haben. So lange müssen die Models auf ihre Bezahlung warten. Die Medien berichteten von Zeit zu Zeit von Models, die ihre Agenturen wegen unterlassener Zahlungen verklagen. Solche Vorkommnisse sind keine Seltenheit. Allein ich weiß von drei Agenturen in Berlin, die ihre Models regelmäßig nicht oder erst nach unzähligen Aufforderungen um Monate/Jahre verzögert entlohnen. Zwei von ihnen sind nach der jahrelangen Praxis des Vorenthaltens von Gagen mittlerweile pleite gegangen. Im Idealfall erhält ein Model allerdings die Gage unverzüglich nach Zahlungseingang des Kunden. Wenn die Gagen dann auf das Konto des Models eingehen, bleibt oft nach den Abzügen am Ende wenig übrig. Reich sind im normalen Modelbereich die Wenigsten.

Die ersten Jahre sind für die Einsteiger oft nicht lukrativer als ein durchschnittlicher Praktikumsverdienst. Zudem müssen die Neulinge oftmals komplett ohne eine Entlohnung arbeiten. Viele der etablierten Agenturen strecken dem jungen Nachwuchs die Lebenshaltungskosten vor und bringen sie in die belebten Modemetropolen, vorausgesetzt sie glauben an den Erfolg der Mädels. Am Beginn einer Karriere eines Models fallen zusätzlich auch noch viele Kosten zu Gunsten der Karriereplanung an, wie der Druck von Sedkarten, Testshootings, Coachings etc. Diese Kosten werden dem Model nach durchgeführten Jobs/Aufträgen vom Honorar abgezogen. Je mehr Buchungen (für Magazine, Kampagnen, TV etc.) und Erfahrung ein Model vorweisen kann, desto höher wird ihr Honorar pro Job und dementsprechend der ausgezahlte Gesamtverdienst. Sie sind demzufolge nach einiger Zeit des erfolgreichen Arbeitens auch die angesammelten Agenturschulden los. Die Bandbreite des Verdienstes bei einem Fotomodel beginnt am Anfang der Karriere oft als Minusgeschäft, da Einsteiger Geld für die ersten Test-Shootings zum Aufbau ihres Portfolios (Fotomappe), bezahlen müssen. Eine gute Mappe benötigt ein Model, um sich bei Agenturen und Castings vorzustellen. Solche Shootings sollten regelmäßig organisiert werden, damit immer aktuelle Bilder in der Fotomappe sind und die Models keine Lücken im Lebenslauf haben. Der nächstmögliche Karriereschritt nach dem Bezahlen der Fotografen wäre dann das TFP (= ‚Time for print‘), bei dem man umsonst im Tausch gegen die Fotos arbeitet. Danach kann man real Geld verdienen. Viele verbleiben allerdings auch freiwillig oder unfreiwillig (da sie einfach nicht für Geld gebucht werden) im Bereich der TFP-Fotografie und werden sogenannte ‚Hobby-Models‘. Als bezahltes Foto-Model liegt die Gage für noch unbekannte ‚New Faces‘ (Anfängerinnen) bei ungefähr 10 Euro die Stunde, bzw. 100 Euro am Tag. Erfahrene und bekanntere Models, also die Profis, kann man in diesem Bereich mit ungefähr 30 Euro pro Stunde buchen bzw. mit einem Tagessatz ab 300 Euro aufwärts. Ein Tagessatz entspricht ungefähr einem kompletten Shooting. Auch 500 Euro sind für Profimodels möglich. Das Maximalgehalt ist offen. Top-Models erhalten zum Teil bis zu 10 000 Euro pro Stunde. Eine kompetente Agentur, die angemessene Gagen aushandelt, ist von hohem Nutzen. Der reale Verdienst eines normalen Foto-Models hängt von der Anzahl möglicher ergatterter Termine im Monat ab, da ein Festgehalt unüblich ist. Kein Model arbeitet jeden Tag. Sie sind auf Buchungen zu Fotoshootings und andere Jobs angewiesen. Das Gehalt variiert also von Monat zu Monat, schon allein durch saisonale Schwankungen. Manchmal werden sie wochen- oder gar monatelang nicht gebucht. Sogar Models wie EVA PADBERG erlebten die Willkür um die Buchungen am Anfang ihrer Karriere: *„Egal, was ich versuchte, ich wurde einfach nicht gebucht. Ich zwang mich, deswegen nicht zu verzweifeln, sondern setzte mir ein Ultimatum: Wenn es in einem Jahr immer noch nicht läuft, höre ich auf."* Zu diesem Zeitpunkt wurde sie von den Eltern finanziell unterstützt, um ihre Träume zu verwirklichen. Ohne diese Unterstützung von Eltern oder Agenturen, die Kosten vorstrecken, könnte sich kaum Jemand den Einstieg in den Job leisten. Vor allem wenn man, wie EVA PADBERG, den Berufseinstieg fernab von zu Hause in einer Modemetropole versucht. Man muss neben den Anstrengungen zugunsten der eigenen körperlichen Modelvoraussetzungen entweder selbst aktiv werden bei der Selbstvermarktung (der Präsentation im Internet/der Öffentlichkeit) oder man muss eine engagierte Agentur an der Seite haben. Im Erotikbereich ist die Bezahlung etwas höher. Hier können Einsteiger mit ungefähr 15 bis 25 Euro in der Stunde rechnen. Erfahrene Erotikmodels können durchaus mehrere hundert Euro in der Stunde verdienen.

Messehostessen beginnen mit einem Lohn von ca. 10 Euro pro Stunde. Erfahrenere und bereits bekanntere Hostessen können bis zu 100 Euro pro Stunde verdienen. Meist werden aber Tagesgagen aushandelt von um die 200-600 Euro, je nach Erfahrung und Bekanntheit. Hostessenjobs genießen in der Branche kein besonderes Ansehen. Wenn die Auftragslage für Shootings und Laufstege aber gerade schlecht aussieht, dann machen manche Models lieber einen Hostessen-Job von hypothetisch 400 Euro am Tag, das dann oft drei Tage hintereinander und verdienen so doch insgesamt 1 200 Euro. Allemal besser als diese Tage nichts einzunehmen und vergeblich auf einen Shooting-Job zu hoffen und warten. Es gibt ja wie bereits erwähnt keine Tarifverträge, keine Sicherheiten – bekommt man keine Aufträge, ist auch kein Geld für die laufenden Kosten da und der mentale Druck steigt.

Bei Laufstegmodels muss zwischen zwei Arten von Models unterschieden werden: Zunächst die exklusiv-gebuchten Models. Sie sind meist bereits etwas bekannter und mit einer hohen Berufserfahrung. Diese Exklusivmodels laufen ausschließlich für einen einzigen Designer auf einer Show und dürfen für eine gewisse Zeit keine anderen Aufträge annehmen. Diese Models können durchaus mehrere tausend Euro pro Show verlangen. Auf der anderen Seite stehen die erfahrenen, aufsteigenden Models, die nicht exklusiv für einen Designer gebucht sind, aber trotzdem pro Show bis zu 1000 Euro verdienen können, je nach Bekanntheitsgrad und Modemetropole.

In Paris ist der Lohn mit 900 Euro beispielsweise um einiges höher, als im ‚armen' Berlin mit durchschnittlich 300 Euro. Einsteiger erhalten meist gar keinen Lohn bzw. nur eine sehr geringe Arbeitsaufwandsentschädigung (50-100 Euro pro Show). Selbstverständlich dann wieder abzüglich der Kosten für Unterkünfte, Fahrten, Versorgung und die Prozente der Agenturvermittlung. In manchen Städten ist es sogar üblich die Models lediglich mit Kleidung zu entlohnen. Für jene, die den Aufstieg zum Status eines bekannten Topmodels geschafft hat, gibt es im Einkommen nach oben keine Grenze. Bei Werbeaufträgen wirbt das Model für ein bestimmtes Produkt (Auto, Kosmetik, Kleidung, Hardware, ...) und ‚verkauft ihr Gesicht' gewissermaßen. Oftmals werden gleichzeitig Werbefilme und passende Printmedien mit einem gebuchten Model abgedeckt. Es handelt sich hierbei um sehr lukrative Jobs, auch für einmalig gebuchte Werbegesichter. So kann man bei einer erfolgreichen Buchung, mit einem Tag Arbeit, gut mehrere Monate Leben finanzieren. Mir sind Gagen von unbekannten Werbemodels bekannt, und ich erhielt selbst bereits anfangs meiner Karriere Bezahlungen, die zwischen 1000 und 4000 Euro für einen Drehtag (incl. Buyouts) lagen. Oft wird das zu vermarktende Produkt innerhalb kürzester Zeit vom Endverbraucher mit dem jeweiligen Model assoziiert und dies führt dazu, dass Werbeverträge mit Models bei guter Verbraucherresonanz Jahr für Jahr erneuert werden. Ein sehr profitables Geschäft für beide Parteien. Dieses Vorgehen des wiederholten Buchens ist aber vor allem bei Kosmetik-, Haarprodukten und Parfüm-Konzernen üblich. Um sicherzustellen, dass das Model eventuelle Ausfälle anderer Kunden wegen zu hohem Wiedererkennungswert durch die Kampagne kompensieren kann, muss die zuständige Modelagentur dementsprechend hohe Gagen für eine solche Kampagne veranschlagen.

3 Einfluss der Medien auf das Bild über Models und ihre Stellung in der modernen Gesellschaft

„Massenmedien vermitteln nicht Wirklichkeit, sondern sie schaffen sie."
Prof. QUERULIX

Die Massenmedien verbreiten tagtäglich Stereotypen, Rollenbilder oder einfach nur Klischees. Vor allem Frauen werden durch bestimmte Medienangebote einem großen Druck ausgesetzt, sowohl allgemein optisch als auch speziell bezogen auf ihre Figur. Durch die Überbetonung des körperlichen Erscheinungsbildes mit Hilfe von attraktiven Medienpersonen werden fragwürdige Ideale geschaffen. *„Mit ihrem Fokus auf das Negative zeigen uns die Medien kein Abbild, sondern ein Zerrbild des Lebens, das von den Rezipienten dann auch prompt mit der Realität verwechselt wird."* – ERWIN KOCH (*1932). Die Zielgruppe gibt sich im Großen und Ganzen mit ihrem Schicksal zufrieden. Seit den 1970er Jahren wird an der modernen Medienwirkung und gegenüber den Programmverantwortlichen scharfe Kritik erhoben. Einige Inhalte dieser Kritik wollen wir uns anschauen. Das folgende Kapitel liefert zunächst einen Überblick über die Darstellung attraktiver Akteurinnen in aktuellen Fernsehformaten. Anschließend werden die Auswirkungen der Sendungen auf die Models thematisiert, um dann überzugehen zu dem Zentrum dieser Ausführungen – die Folgen solcher Mediendarstellungen auf Körperbild, Zukunftswünsche und das Miteinander in der Gesellschaft.

3.1 Das Beispiel aktueller deutscher Fernsehsendungen

Wo man früher Mannequins vornehmlich in Berichten über die Modewochen und womöglich noch in der Skandalpresse sah, gibt es seit einigen Jahren ganze Sendungen rund um den Mädchentraum von einem Job. Das größte und langatmigste Format dieser Sparte ist vermutlich: ‚Germany's Next Topmodel' (Abkürzung: GNTM) GNTM ist ein Ableger

eines erfolgreichen Castingkonzeptes aus Amerika, bei dem attrakti-
ve Nachwuchsmodels auf ihrem Weg zum Traumberuf vor laufenden
Kameras Belastungsproben bestehen müssen, bis schlussendlich das
‚Deutsche Neue Topmodel' gecasted ist. Darüber, welche der Teilnehmerinnen nach Hause muss, entscheiden die Jurymitglieder am Ende
jeder Sendung. Die Jury allein entscheidet also über Sieg oder Nieder-
lage. Sie besteht aus einer meist jährlich wechselnden Besetzung. Als
Konstante der Jahre blieb nur das weltweit berühmte deutsche Topmodel HEIDI KLUM. 2015 ging zum zweiten Mal das Trio HEIDI KLUM, THOMAS
HAYO und WOLFGANG JOOP auf Model-Suche. Schussendlich wird in der
Show diejenige zur Siegerin gekürt, die am besten den Anforderungen
stand hält, sich lernbereit zeigt, bei Fotografen und Kunden beliebt ist
und natürlich fürs Fernsehen auch Unterhaltungswert und Sympathie
mitbringt. Ihr Gewinn: ein Kleinwagen, eine Coverpublikation einer bekannten Frauenzeitschrift, eine Werbekampagne für eine Modemarke
und ein (zunächst verlockend klingender) Vertrag mit einer Modelagentur. 2015 bekam die Siegerin der Geburtstagsstaffel (zehn Jahre) zusätzlich noch 100 000 Euro.

Trotz des riesigen Erfolges dieser Sendung gibt es unzählige Kritiker-
stimmen. Das weltbekannte deutsche Topmodel EVA PADBERG fasste
die Show in ihrem Buch so zusammen: *„In einer Castingshow kann man
schlecht den Alltag eines Models zeigen, da die Leute vor lauter Lange-
weile abschalten würden. Für die Quote ist es sicher besser, die Mädchen
müssen Mutproben absolvieren, unmögliche Übungen für den Laufsteg
machen und werden in Rollen gepresst, die beim Publikum für Gesprächs-
stoff sorgen."* Die Zuschauerbindung läuft über Ablehnung oder Identifikation mit bestimmten Kandidatinnen. Durch Verunsicherungen
und Anstachelungen der Akteurinnen zugunsten von Streitigkeiten
und Gefühlsausbrüchen während der Aufnahmen, wird der endgültige
Unterhaltungswert noch gesteigert, so Berichten von Teilnehmerinnen
entnommen. Abwegige Prüfungssituationen, denen sich die jungen
Mädchen aussetzen müssen, finden auch regelmäßig Anstoß bei den
Kritikern. So wirkten die jungen Frauen der anlaufenden Staffel 2015
wie frisch geborene Giraffenbabies, als sie mit ihren langen, dünnen
Beinen reihenweise gefährlich umknickten. Der Grund dafür: bei den
Massencastings wurde eine rotierende Scheibe am Ende des glatten

Laufsteges eingebaut, direkt vor dem Jurorenpult. Es ist nicht möglich eine sich derart schnell bewegende Plattform (mit Highheels) elegant zu betreten. Und in der Realität des Modelalltags? Kein Designer, der sich ein Laufstegkonzept für seine Präsentation überlegt, würde solch eine gefährliche Stolperfalle einbauen und damit die Show stören. Somit diente diese Installation lediglich der Bloßstellung der Bewerberinnen im TV. Bei einer späteren Folge musste der Nachwuchs mit Highheels auf einem Laufsteg voller weißer Kieselsteine laufen. Selbstverständlich versinken die dünnen Absätze in dem wackeligen Untergrund und es war unmöglich, dort normal oder gar mondän laufen zu können. Weitere unsinnige Belastungsproben mit viel Showfaktor, aber zu wenig vom realitätsnahen Modelbusiness vergangener Staffeln: ein Laufsteg in einem Skatepark (umgeben von aktiv sporttreibenden Skatern); Shootings mit exotischen Tieren, die in das Posing integriert werden mussten (Elefanten, Affen, Schlangen, Tiger, Vogelspinnen, …); ein Meerjungfrauenshooting auf einem Berg toter Fische; inszenierte sexy ‚Dreier‘ am Strand mit zwei der jugendlichen Show-Kandidatinnen in knappen Bikinis und einem ebenso entkleideten männlichen Model (zum Teil aufeinander liegend/räkelnd); Posing in der offenen Tür eines fliegenden Helikopters; ein vertikaler Catwalk in 13 Metern Höhe an einem Seil befestigt, etc. – die Liste ist schier unendlich weiterführbar. Anschließend an das Format folgt das Entertainmentmagazin ‚red!‘, welches nochmals alle Skandale, die teilnehmenden Personen und das allgemeine Geschehen scharf kommentiert.

„GNTM ist Gift für die Model-Karriere" – Guido Maria Kretschmer, in seiner Kolumne auf ‚Bunte.de‘. Wenige der bisherigen GNTM-Gewinnerinnen haben anschließend eine große internationale Laufstegkarriere hingelegt. Durch die erlangte Bekanntheit und kurzweilige Aufmerksamkeit konnten sich einige jedoch lukrative Werbejobs angeln und Geld verdienen. Die Teilnahme an dieser Sendung stellt schon ein Sprungbrett auf den roten Teppich dar. Anschließend ist harte Arbeit notwendig, um im öffentlichen Gespräch zu bleiben, um Fernsehjobs und Werbung zu akquirieren oder ernsthaft in der Modebranche Fuß zu fassen. Auch EVA PADBERG prophezeite den Frauen kaum Chancen auf dem Markt – sie seien: *„hübsch, aber das Zeug zum Model hat kaum eine."* Die Branche zeigt sich zweifellos verhalten, die gecasteten Mo-

dels für Laufstegjobs zu buchen, denn generell wollen sie ihre Entwürfe im Vordergrund sehen und nicht semi-prominente Frauen. Ihre gebuchten Models sollen in klassischer Business-Manier lediglich hübsche Kleiderbügel sein – unauffällig und sich zurücknehmend. Prominenz auf dem Laufsteg bringt sicherlich Presse für die aktuelle Kollektion der Designer. Doch genießen die Frauen in der ernsten Modeszene generell wenig Ansehen, sei es durch fehlende Voraussetzungen für den realen Markt oder bereits durch die Teilnahme an der Sendung an sich. Nicht zuletzt erntet die Erfolgsshow stetig Kritik durch das überspielte Drama der Sendung und die realitätsferne Darstellung des Modelalltags, durch den vorgelebten Sexismus und natürlich auch Lookismus, die Stilisierung der Modelanwärterinnen zu Persönlichkeitstypen, die gar nicht deren wahrer Persönlichkeit entsprechen sowie dem Vorwurf der inhaltlichen Leere. Diese letztgenannte These findet Unterstützung durch zwei deutsche Studenten, die sich die Arbeit machten das komplette Finale der Pro7-Fernsehsendung ‚Germany's Next Topmodel' 2011 zu transkribieren. GRISCHA STANJEK und GREGOR WEICHBRODT studierten zu jener Zeit im 3. Semester Kommunikationsdesign an der Hochschule für Technik und Wirtschaft in Berlin (HTW). Im Interview mit dem ‚Spiegel'-Magazin zu ihrem außergewöhnlichen Einfall befragt, sagten sie: *„Für eine Seminararbeit sollten wir ein Buch gestalten und benötigten dafür Text. Unsere Idee war es, die trivialen Gespräche einer Fernsehsendung in ein hochwertiges Printprodukt zu packen. Dann stellten wir fest, dass ‚Germany's next Topmodel' wie ein klassisches Drama aufgebaut ist – mit ständigen Wiederholungen. Darum haben wir uns auch für den Reclam-Stil bei der Gestaltung entschieden."* Eine Leseprobe:

Erster Auftritt
Erzähler: 18.000 Mädchen, 18.000 große Träume. So begann die Suche nach der Schönsten der Schönen. Nur 50 durften mit auf die Reise in die ganze Welt. Fast 100 Tage auf drei Kontinenten. In elf Städten. Es gab Triumphe. Es gab Tränen und wir waren alle dabei. Heute finden wir sie, die neue Königin des Catwalks. Live aus der ausverkauften Lanxess Arena in Köln. Die absolute Haute Couture unter den Shows: ‚Germany's Next Topmodel 2011 – das große Finale'. [Jubel. Applaus.]

Zweiter Auftritt
[Thomas R. und Thomas H. sind nicht zu sehen. Sie sprechen aus dem Off.]
Thomas R.: Du, Thomas!

Thomas H.: Ja, Thomas?
Thomas R.: Du, sag mal, bist du auch schon so aufgeregt?
Thomas H.: Aufgeregt? – Come on! [Jubel. Applaus.]
Erzähler: Ladys and Gentleman, hier ist Heidis coolste Jury aller Zeiten. Hier sind die Juroren von Germany's Next Topmodel 2011: Thomas Hayo und Thomas Rath!

Vierter Auftritt

[Lena und Louisa erscheinen auf der Leinwand.]
Lena: Hallo Heidi!
Heidi: Schön, dass ihr da seid!
Louisa: Hallo Heidi!
Lena und Louisa: Hallo!
Lena: Hallo Köln!
Heidi: Schön, dass ihr da seid ihr zwei. Wie is'n die Stimmung da hinten? Was ist los? Berichte, Berichte!
Lena: Du, die Stimmung ist eigentlich ganz gut. Einige Mädchen sind schon fertig, die sitzen schon hinter uns. Ein paar sind noch in der Maske, die werden noch ein bisschen geschminkt und zurechtgemacht. Aber in der Zwischenzeit können sich die Zuschauer ja schon mal im Internet anschauen, da können die Zuschauer nämlich voten, wer den Top-Twenty-Walk anführen soll und alle Infos finden sie unten in der Bauchbinde.
Heidi: Louisa, hast du denn die Amelie, die Jana oder die Rebecca irgendwo gesehen?
Louisa: Na klar, die haben wir gesehen und sie sehen wirklich, wirklich super aus, aber ich glaube, ihr seht's jetzt auch gleich.
Heidi: Lena und Louisa, ich hoffe, dass ihr uns weiter auf'm Laufenden haltet, was da so passiert.
Louisa: Na klar.
Lena: Wir laufen nicht weg.
Louisa: Wir sind hier.
Heidi: Cool.

Sechster Auftritt

[Jubel. Applaus. Models werden in kugelähnlichen Gerüsten auf die Bühne getragen; schweben in der Luke. Rock-Musik. Frau aus dem Publikum ruft: „Rebecca!"] [Pop-Musik. Rebecca, Amelie und Jana laufen tanzend den Laufsteg entlang.]
Heidi: Wow! Ich kann nur sagen, es macht so viel Spaß euch Dreien zu zugucken. Erstmal kamt ihr da rein – wie aus'm All. Und so richtig so aus'm All.
Thomas R.: Wow! Toll!
Heidi: So richtig so „Wusch", wie du immer sagst, „Wusch"!
Thomas R.: Wusch! Einfach Wusch wart ihr da.
Heidi: Wow!

Thomas R.: Toll!
Thomas H.: Is' super. Wer? Fast wie ... fast wie drei Engels für Thomas, ne?
Heidi: Wie drei Engel für Thomas? Wie drei Engel für Heidi!
Thomas H.: Einigen wir uns: Germany's Angels. [Jubel.]

Ich zumindest werde das Buch erwerben, wenn es geht, schon alleine um diese grandiose Idee anzuerkennen. Leider ist die Show so hochprofessionell geplant, perfekt durchchoreografiert und beliebt, dass sich das Fehlen wertvoller Inhalte nicht auf den wirtschaftlichen Erfolg auswirkt. Das zeigt sich in den Zahlen und motiviert so die Produzenten selbstredend zum jährlichen Weiterführen des Formates: In neun Jahren bis 2014 hatten sich über 135 000 junge Frauen bei der Sendung beworben. 15 000 Zuschauerinnen haben sich laut ProSieben allein in der 2014er Staffel beworben. Die erste Folge desselben Jahres lockte ganze drei Millionen Zuschauer vor die TV-Geräte. 2015 gab es im Vergleich einen schlechten Start der neuen Staffel mit 2,42 Millionen Menschen (7,9 Prozent), die einschalteten. Aber trotz dem schlechteren Beginn dieses Jahr sind es immer noch Millionen Menschen, die sich dieses zweifelhafte Konzept wiederholt anschauen. Das muss man sich einfach mal auf der Zunge zergehen lassen – es sind Millionen!

‚Das perfekte Model'

„Wir haben uns dafür diverse Kriterien überlegt wie Körpermaße, Aussehen, Wiedererkennungswert, Willensstärke, Posing, Professionalität und Charisma. Unser Ziel ist es, ein Mädchen zu finden, das international, aber auch in Deutschland arbeiten kann. Die Gewinnerin wird nach der Show ganz normal in den Modelberuf einsteigen können. Was nicht heißt, sofort nach Paris oder New York zu gehen und dann aufs Vogue-Cover zu kommen. Die Gewinnerin bekommt einen exklusiven Vertrag mit einer renommierten Modelagentur und anschließend soll sie ins Ausland gehen und dort arbeiten. Das Mädchen muss Castings machen und Klinken putzen, wie jedes andere Mädchen auch", so das Topmodel EVA PADBERG (2012 zu www.blick.ch) über ihr Castingshow-Konzept. Zusammen mit Kollegin KAROLINA KURKOVA suchte sie als Konkurrenz zu GNTM 2012 ‚das perfekte Model' für die Laufstege der Welt. Danach gefragt, was sie von der Konkurrenzshow unterscheidet, sagte sie: *„Unser Sendung ist eine Model-Coaching-Show. Wir stehen den Mädels mit Rat und Tat*

zur Seite, verbringen viel Zeit mit ihnen." Schlussendlich ist es ein klassischer Schönheitswettbewerb, der mit den üblichen Mitteln des modernen Fernsehens ausgetragen wird. Die Siegerin wurde in der Finalsendung am 20. März 2012 von den Zuschauern per Telefonabstimmung gewählt. Eine Fortsetzung wird es nicht geben, so der zuständige Senderchef.

‚Berlin Models'

Seit Ende 2014 wird die Daily Soap ‚Berlin Models' ausgestrahlt, die an den Erfolg von täglichen klassischen Seifenopern wie ‚Berlin Tag und Nacht' des Schwestersenders anschließen sollte und sich um den vermeintlich ‚authentischen' Alltag des Modelbusiness einer Großstadt dreht. Zu diesem Zweck der Authentizität werden echte Models mit Berufserfahrung als Protagonist/inn/en beschäftigt. Die Darsteller/innen werden zudem dazu angehalten ‚vereinzelt biographische Parallelen' ihres Lebens in das Schauspiel einzubringen und tatsächliche Shootingjobs begleiten zu lassen. TV-Experten vermuten, der ausbleibende Erfolg zu Beginn der Serie sei auf die Performance schlechter Laienschauspieler/innen zurückzuführen, eine fehlende Zuschauerbindung/-Sympathie mit den Darsteller/inne/n und die geringen Berührungspunkte der Privatsender-Zielgruppe mit dem Model-Dasein, zumindest so, wie es dort präsentiert wurde. Die Verantwortlichen hofften auf eine Verbesserung der niedrigen Einschaltquoten im Verlauf der weiteren Ausstrahlung, mussten aber einsehen, dass dies nicht eintreten wird. Es wird auch hier keine zweite Staffel produziert.

‚Die Model-WG'

2010 sendete Pro7 dieses neue Reality-Soap-Format. Überwiegend ehemalige Kandidatinnen der Modelbootcamp-Sendung ‚Germany's Next Topmodel' kamen hier in einer Wohngemeinschaft zusammen. Dort führten sie dann gemeinsam über sieben Folgen, für sieben Wochen ein dramatisch-geschauspielertes öffentliches Leben. Als Preis gab es einen Platz in einer Model-WG in New York zu gewinnen, zumindest für eine von ihnen. Begleitet von Kameras reisten die Kandidatinnen zu Castings, Fashion Shows oder Shootings, um ihren Marktwert zu testen. Wer keinen Job für sich gewinnen konnte, flog raus. Betreut wurden die Mädels dabei von Ex-GNTM-Juror PEYMAN AMIN. Er organisierte zudem alle Castings und Termine für die Mädchen und nahm so die klassische Rolle eines Modelagenten ein. 2011 wurde die 2. Staffel über den angeblichen Alltag eines Models ausgestrahlt, dieses Mal ohne Ex-Kandidatinnen von ‚Germany's Next Topmodel‘, aber mit den üblichen brisanten Typen, die die bereits bekannten Dramen abspielten. Das Konzept blieb gleich. Am Donnerstagabend, 25. Februar 2010 ging bei ProSieben auch die Doku-Soap ‚Die Model WG‘ zu Ende.

‚Das Model und der Freak‘/‚The Beauty and the Nerd‘ sowie der Ableger ‚Falling in Love‘

Eine im Besonderen zweifelhafte Konzeption, bei der der Fokus ausnahmsweise nicht auf den Models selbst liegt, sondern auf deren zugeteilte Personen, haben sich die Autoren dieser Show überlegt. Eine Gruppe Männer wird als ‚Freaks‘ oder ‚Nerds‘ vorgeführt – als Sozialkompetenz-freie, peinliche Außenseiter. Als beratende Instanz werden ihnen Models zur Seite gestellt, die im Gegensatz zu den ‚Freaks‘ als gesellschaftlicher Standard präsentiert werden. Offener wurden politische Inkorrektheit und Klischeebehaftung selten im Fernsehen ausgestrahlt. Hier wird nicht nur sexistisch/lookistisch vermittelt, wie Männer zu sein haben und dass Andersartigkeit beschämend ist (*„Wir bringen ihn auf den richtigen Weg."*), sondern durch die Coaches wird dem Zuschauer auch ein weibliches Rollenbild vorgesetzt. Die Models coachen die Teilnehmer in Selbstbewusstsein, Flirten, Auftreten, Ausdruck und Körperpflege – im sich Verstellen. Ehemalige Teilnehmer berichteten von falschen Castingversprechungen, manipulativem Szenenschnitt der Aufnahmen und auch vom übertriebenen Darstellen ihrer ‚abnormen‘ Eigenschaften und Hobbies. Und zudem erzählten sie von schlichtweg erlogenen Darstellungen ihrer bisherigen partnerschaftlichen Beziehungen. Die Liste der Modelsendungen, die als heutige Sozialisationsagenten (neben Eltern oder Lehrerschaft) für junge Mädchen und Frauen fungieren, ist mit den bereits Genannten nicht abgearbeitet. Kaum eine derer kann sich im TV auch dauerhaft halten. Trotzdem drehten sich unzählige Sendeminuten schon um den Traum des Modellebens und der Branche im Allgemeinen. So auch: ‚Million Dollar Shooting Star‘ mit dem Topmodel BAR REFAELI und ‚Fashion Hero‘

mit dem deutschen Supermodel Claudia Schiffer als Mentorin. Bei ‚Teenager Stories' suchte man in einigen Folgen ein Nachwuchsmodel und unterzog sie einem Training. Bei der Soap ‚Berlin – Tag und Nacht' eröffnete eine der Protagonistinnen eine Modelagentur. Auch bei ‚Taff' und anderen (Boulevard-) TV-Magazinen wird regelmäßig über das Leben von Models berichtet. Modewochen und Schönheitswettbewerbe sind mittlerweile selbstverständlicher Bestandteil der Nachrichten und Tageszeitungen, gleich positioniert neben Kriegsberichterstattungen, Naturkatastrophen und Sportnews. Der Modelberuf ist offensichtlich in der Mitte der Gesellschaft angekommen.

3.1.1 Auswirkungen für die Teilnehmerinnen der TV-Shows

„Ich finde, die Verantwortlichen von Germany's Next Topmodel gehen verantwortungslos mit den Träumen junger Mädchen um. Warum muss eine 16-Jährige im knappen Bikini ein Schlamm-Shooting machen oder im silbernen Catsuit vor der Jury tanzen?" – Benjamin Ahlborns, Agenturchef (2010, o. S.).

In den Debatten rund um derartige TV-Shows wird unlängst über die Behandlung der jungen Akteurinnen gesprochen – darüber was mit ihnen veranstaltet wird, wenn sie sich den Produktionen hingeben, für die kleine Chance dem vermeintlichen Traum eines Starlebens näher zu kommen. Dazu begeben sie sich in die unbedingte Abhängigkeit des Senders. Auf der einen Seite finden sich hierbei diejenigen, die nicht realisieren, wie sie vom Fernsehen ausgebeutet und manipuliert werden. Die Senderverantwortlichen, mit all ihren Versprechungen, wirken aufgrund der großen Bekanntheit der Sender oft glaubwürdig auf naive, junge Bewerberinnen. Und auf der anderen Seite stehen natürlich auch die Mädchen, die exakt verschiedenste Inszenierungsmuster kennen und nutzen. Sie wissen, wie man eine Medienkarriere macht und zu diesem Zweck auch gern eine unsympathische Rolle spielt. Sie nehmen in Kauf, für den möglichen Durchbruch einen schlechten Ruf zu erlangen. Ob sie allerdings mit vielleicht 16 Jahren tatsächlich die Konsequenzen für ihr weiteres Leben einschätzen können, ist diskutabel. Die, die es nicht ausführlich durchdacht haben, leiden noch Jahre unter dem auferlegten Ruf.

Die Konsequenzen einer Teilnahme beginnen also bei gesellschaftli-

cher Schmach und beinhalten weiterhin das Ausüben von Druck sitten-
widrige Verträge abzuschließen. Diese enthielten in der Vergangenheit
nebst dem Verzicht auf das Recht eine einstweilige Verfügung zu be-
antragen, auch die Abtretung aller Namens- und Bildrechte an ProSieben und überdies oftmals Agenturprovisionen, die laut Vermittlerver-
gütungsverordnung viel zu hohe Abzüge von den erarbeiteten Gagen
festsetzten. Auch Exklusivansprüche auf die Models fanden sich, die
im deutschen Gesetz nicht rechtskräftig sind. Rechtsanwälte, die vor-
liegende Verträge der Vergangenheit prüften, stellten insgesamt fest,
dass eine *„völlig unangemessene Benachteiligung der Teilnehmerinnen"*
besteht. Aktuelle Verträge und deren Regelungen sind nicht bekannt.
MILLA VON KROCKOW, Model bei ‚Louisa Models' und ehemalige Teilneh-
merin von ‚GNTM' sagte: *„Ich glaube, der Sender verdient sehr gut mit
dem Format. Aber Verträge, Bezahlung, wer was verdient – darüber habe
ich am Anfang überhaupt nicht nachgedacht. Das Ganze hatte eine Ei-
gendynamik. Es war wie ein Spiel, von Runde zu Runde weiterkommen,
das war das Einzige, was wichtig schien."* (2010, o. S.). Sie berichtete
des Weiteren, dass Bilder von ihr ohne Einverständnis für Werbemittel
benutzt wurden und dass ihr die Agentur lediglich kühle Anweisungen
gab, sich allerdings auf ihre Anfragen nicht rückmeldete. Als ihr Vertrag
zeitlich auslief, bekam sie keine Meldung und schloss einfach daraus,
dass die Agentur nicht an einer weiteren Zusammenarbeit interessiert
wäre. Unzählige andere Protagonistinnen erzählten von ähnlichen Erfahrungen einer kaltherzigen, zeitweiligen, für den Sender und deren
Agentur sicherlich profitablen Vermarktung ihres Namens und Gesichtes. Agent YANNIS NIKOLAOU von der Hamburger Agentur ‚Place Models'
sagte über die Art der Agenturvertretung: *„Günther Klum und Redseven
Artists, das sind keine Modelagenten. Schon deshalb können aus den Teilnehmerinnen der Show keine richtigen Models werden. Die Sendung hat
mit der Realität des Modelberufs nichts zu tun. Es geht um das Drama, die
Mädchen sollen weinen und sich streiten und sonst wie ausflippen. Ob sie
danach wirklich als Models arbeiten oder nur für ProSieben-Jingles, ist für
die Quote egal"* (2010, o. S.).
   „Tränen, Schweiß und Qual – wer hinten rauskommt, ist egal", so sehr
passend formuliert von ALEXANDER KÜHN vom ‚Stern'-Magazin. Das ren-
table Prinzip Castingshow sollte mittlerweile so gut wie allen bekannt

sein. So ist es auch hier nicht anders: GNTM will keine Models machen, sondern Einschaltquoten mit dem Anblick reizender Mädchen. Die Agentur nutzt nach der Ausstrahlung einer Staffel die kurzweilige Bekanntheit der Teilnehmerinnen noch finanziell so gut wie möglich für sich selbst aus. Dann laufen die Verträge aus und die jungen Mädchen stehen alleine da.

Als Kandidatin bei ‚Americas Next Topmodel' wurde JAEL STRAUSS vornehmlich in den USA bekannt und äußerte sich Jahre später (2012) offen in der TV-Sendung ‚Talkshow Dr. Phil' über ihre Drogensucht nach Crystal Meth. Ihr Körper und Gesicht zeigten sich von dem jahrelangen Konsum schwer gezeichnet. Sie endete schlussendlich sogar in der Obdachlosigkeit. Mittlerweise zeigt sie sich gefestigter und politisch-feministisch aktiv im Internet auf ihrer Facebookseite. Es geht ihr besser aktuell. So schrieb JAEL mir am 4. Januar 2015 und berichtete davon bereits 17 Monate clean zu sein und glücklicher denn je. Topmodel TYRA BANKS, die sich in dem amerikanischen Vorbild der deutschen Sendung GNTM gern als ‚große Schwester' ihrer Zöglinge präsentierte, gleichsam dem Auftreten von HEIDI KLUM in der deutschen Sendung, bot keinerlei Hilfe an. Sie gab auf Presseanfragen keinen Kommentar ab und kümmerte sich stattdessen lieber um die Dreharbeiten der nächsten Staffel. Umso besser, dass sich JAEL auch ohne diese Hilfe gefangen hat.

Neben ihr hat auch die ‚Americas Next Topmodel'-Drittplatzierte RENEE ALWAY, die in der Show sogar Finalistin wurde, einen schweren Absturz erlitten. Sie kam Juni 2013 wegen Drogenbesitz, Betrug und Bagatelldiebstahl vor Gericht und das obwohl sie sich bereits auf Bewährung befand. Ihr polizeilich erstelltes Verbrecherfoto nach der letzten Verhaftung zeigt die Mutter fernab vom einstigen glamourösen, durchgestylten Topmodel-Anwärterin-Aussehen, ebenfalls gezeichnet von Drogen und dem harten Leben. Und die Drogen-/Lebensdramen rund um die jungen Models der amerikanischen Show sind bei weitem nicht fertig erzählt – auch LISA D'AMATO wurde durch Alkoholeskapaden schnell bekannt in Amerikas Promi-Tratsch. Nachdem ihre große Bekanntheit abzuschwellen begann, nahm sie Teil an ‚Celebrity Rehab 3' – einer Prominenten-Entziehungskur, von Kameras begleitet. In der Show gab sie zu *„so gut wie jede Art von Droge zu nehmen, die ihr vor die*

Nase kommt."

Die Frage die sich nun aufzwingt ist, ob diese Art der Reality-Shows derart schwerwiegenden Einfluss auf die jungen Menschen haben oder ob sie bereits gezielt nach instabilen Persönlichkeiten suchen, wegen deren Unterhaltungswertes. Das Model ANN-MARLENE HENNING ist überzeugt: *„Diese Shows suchen sich gerade schwache Charaktere heraus. Sie wollen die Mädchen formen können."* Sie sollen gehorsam sein, müssen jegliche Schamgrenzen und Widerstände überwinden, um eine Chance auf den Sieg zu haben. Auf die Begründung der Sendungsmacher und Jurymitglieder hin, die Model-Anwärterinnen müssten generell ‚formbar' sein, um den verschiedenen Model-Rollen entsprechen zu können, sagte ANN-MARLENE HENNING: *„Das ist Unsinn. Man muss sich in Rollen werfen können, aber sobald man die Rolle verlässt, muss man eine starke, gefestigte Persönlichkeit sein."*

„Die Moderatoren machen diese jungen Leute so fertig, das kann wirklich schlimme Folgen haben. Wenn jemand zu unsicher ist, zu naiv, dann geht er aus der Sendung heraus und hat für sein Leben lang eingebläut bekommen: Du bist nichts. Du hast keine Persönlichkeit. So behandelt man keine Menschen." ANN-MARLENE HENNING *(2010, o. S.).*

‚Du hast keine Personality' hat sich im Sprachgebrauch der Juroren ebenso etabliert wie spezielle Fachbegriffe der Branche. Doch was löst solch ein Spruch wohl aus bei den jungen Teilnehmerinnen? *„Das ist furchtbar, bei einem so jungen Menschen mindert es sofort das Selbstwertgefühl. Alle haben einen kleinen Riss im Selbstvertrauen, das fängt schon im Babyalter an. Dieses Gefühl von ‚ich bin falsch'. Wenn man so etwas gesagt bekommt in einer derart fragilen Situation, vor laufender Kamera, von sogenannten besserwissenden Experten, ist das nicht in Ordnung. So behandelt man keinen Menschen. Die Mädchen, die da stehen, schauen auf zu diesen ‚Juroren' und denken: das sind meine Vorbilder, das sind Erwachsene. In meinen Augen sind das aber keine vorbildlichen Erwachsenen, sondern unreife Menschen, die sich behaupten müssen."* ANN-MARLENE HENNING *(2010, o. S.).*

Eine etablierte Psychologin, Dr. SHANNON HANRAHAN, äußerte sich spezifisch zu psychischen Folgen in dieser Form: *„Sie sind Konkurrentinnen während der Sendung und krankhafte Verhaltensweisen werden belohnt. Wenn die Show endet für diese Person, verlieren sie oft den*

Sinn für ihre Identität und sie kämpfen um die Aufmerksamkeit zurück zu erlangen. Das wird oft zeitweise belohnt vom öffentlichen Interesse, aber normalerweise hält dies nicht lange vor." Sie formulierte außerdem: *„Sendungen, die ihren Fokus auf Schönheit und physische Statur legen, so wie bei ‚America's Next Top Model' üblich, bekräftigen mangelnde Bewältigungsstrategien wie Essstörungen, Drogen- und Alkoholmissbrauch, weil ein solches Verhalten einen Wettbewerbsvorteil liefert für einen begrenzten Zeitraum. [...] Aber die negativen Langzeiteffekte werden nicht genügend gemanaged. Diese Themen sind der Modeindustrie selbst fest dazugehörig und nicht begrenzt auf realitätsbasierte TV-Formate."* Das von ihr diagnostizierte Defizit an Anerkennung und Aufmerksamkeit der Kandidatinnen nach Abschluss der Sendung und der zeitweilige Versuch des Ausgleichs durch Negativpresse, erfolgte in der deutschen Version der Castingshow vorranging durch Nacktskandale oder Auftritte in Trash-Shows wie dem sogenannten ‚Dschungelcamp'. Einige der deutschen Teilnehmerinnen, sind jetzt nicht mal annähernd Topmodels der Szene, sondern stattdessen medienbekannte Nackt- und Dessousmodels. Beispiele dafür sind durch unzählige operative Eingriffe modifizierte Frauen wie GINA-LISA LOHFINK und MICAELA SCHÄFER. Ein paar andere der ehemaligen Kandidatinnen tauchen vermehrt an der Seite von bekannten Fußballern, Musikern oder anderen Stars auf. Solch eine bekannte Show öffnet zumindest zeitweise Tür und Tor für Promi-Partys oder andere Events, auf denen eine Frau finanzträchtige Partner finden kann. Naja, sofern sie das anstrebt.

3.2 Auswirkungen auf die Gesellschaft und speziell auf die Zielgruppe der Medien

„Wir propagieren kein Schönheitsideal.
Jeder Mensch ist schön auf seine Art." – Heidi Klum

„Seit 2006 ist die Unzufriedenheit junger Frauen mit ihrem Gewicht unübersehbar gestiegen. Am deutlichsten ist die Entwicklung bei den 16- und 17-Jährigen. 2006 gaben noch 69 % an, mit ihrem Gewicht zufrieden zu sein; drei Jahre später sind es nicht einmal mehr die Hälfte. Dabei sind fast 80 % der befragten Mädchen normal-gewichtig. Eine der

Ursachen für diesen Selbstzweifel könnte Germany's Next Topmodel (Pro-Sieben) sein, die Castingshow mit Heidi Klum, in der ein Schönheitsideal propagiert wird, das jenseits der Normalität liegt." – aus „Heidi hat immer recht - Warum sich Jugendliche ihre Vorbilder vermehrt in Castingshows suchen", TILMANN P. GANGLOFF für ‚tv diskurs 51'.

Die Erstausstrahlung der Sendung erfolgte am 25. Januar 2006 – genau in dem Jahr, in dem der Abwärtstrend der Zufriedenheit begann. *„In Umfragen lässt sich ein Zusammenhang zwischen dem Medienkonsum sowie wachsender Unzufriedenheit mit dem eigenen Körper insbesondere bei Frauen belegen. Beispielsweise lassen sich etwa 50 % der Frauen zwischen 20 und 30 Jahren in ihren Attraktivitätsvorstellungen durch die Medien leiten" (Kluge, Sonnenmoser 2001). Gleichzeitig werden diese Vorbilder als Belastung empfunden, weil Frauen sich gezwungen sehen einem Ideal gerecht zu werden, das kaum erreichbar ist und gesundheitlichen Kriterien nicht mehr entspricht. Diese Orientierung an Medienpersonen beginnt bereits im Jugend- wenn nicht sogar im Kindesalter: In einer US-amerikanischen Studie gaben 10 % der 16- bis 19-jährigen Mädchen an, sich an Models zu orientieren, während lediglich 3 % Familienmitglieder als Rollenmodelle im Hinblick auf körperliche Attraktivität benennen (Grogan 1999). Setzt man den Medienkonsum in Beziehung zur Einstellung zum eigenen Körper, zeigt sich, dass insbesondere die Nutzung von Musikvideos, Seifenopern oder Fashion-Magazinen mit größerer Unzufriedenheit mit dem Körper einhergeht (Thompson et al. 1999)."* – CHRISTIAN SCHEMER, o. S., Online: http://forum.sexual aufklaerung.de.

Zu den Schönheits-Tipps, die sich auf Kosmetik oder Kleidung beziehen, auf Fitnesstrainings, Gymnastik, Bodybuilding und Diäten, werden vermehrt auch schönheitschirurgische Korrekturen in der medialen Welt thematisiert. Dabei wird das Gefühl vermittelt, *„dass Schönheitsoperationen ein völlig normales Mittel sind, seine eigene Attraktivität schnell, sicher und Erfolg versprechend zu verbessern"* (Rossmann, Brosius 2005, S. 520). Die Annahme wird verstärkt, der Körper sei beliebig formbar. Konzerne rund um Kosmetikprodukte, Pflege und Schönheit profitieren von den geschürten Unsicherheiten und der dadurch resultierenden Kaufkraft der Zuschauer. *„Massenmedien sind Mittel – für die Zwecke derer, die sie beherrschen"*, formulierte auch schon Prof. QUERULIX dazu. *„Die Brutto-Werbekosten für einen 30-sekündigen Werbespot* *(während der Ausstrahlung der GTM-Show) betrugen im März 2014 fast 90 000 Euro"*, recherchierte das Onlinemagazin der ‚ZEIT'. Das zeigt deutlich auf, wer bei dieser Maschinerie profitiert. Um die britische Autorin LAURIE PENNY zu zitieren: *„Wenn alle Frauen dieser Erde morgen früh aufwachten und sich in ihren Körpern wirklich wohl und kraftvoll fühlten, würde die Weltwirtschaft über Nacht zusammenbrechen."*

Gerade das Fernsehen ist längst zum zuverlässigen Lieferanten für Vorbilder geworden. Die dort gesehenen Frauen erzeugen eine enorme Wirkung auf unser Unbewusstes. Medienkritiker, Medienpädagogen und Wissenschaftler haben Castingshows entsprechend kritisch beäugt. Sie kritisieren unter anderem, dass keine normalen Frauen abgebildet werden und somit der allgemeine Druck steigt, überdurchschnittlich und unrealistisch schön sein zu müssen. Zudem werden die Teilnehmerinnen der Castingshow GNTM durchweg nur ‚Mädchen' genannt. Die ‚Mädchen' müssen sich aber, wenn verlangt, auf Knopfdruck in Pose werfen können und ‚sexy' sein wie eine gestandene Frau. Selbstredend sollen sie natürlich immerzu zufrieden lächeln. Sie werden schlicht und einfach zu Objekten degradiert und das im öffentlichen Fernsehen, verfolgt von Millionen. Was passiert nun also mit all den beeinflussten Kindern, Teenagern und Frauen, die sich freiwillig an einem Weltbild auf festem Premium-Sendeplatz erfreuen, in der eine Frau nichts weiter erreichen sollte, als groß, dürr und gefällig zu sein? Jemand, die sich intensiv mit den gesellschaftlichen Konsequenzen einer solchen medialen Erziehung befasst hat, ist Medienforscherin MAYA GÖTZ, Leiterin des Internationalen Zentralinstituts für das Jugend- und Bildungsfernsehen (IZI, München). Sie äußerte sich in Interviews über Auswirkungen auf die Selbstwahrnehmung der Zuschauergruppe, über Frauenbild sowie politische Aussagen von ‚Germany's Next Topmodel' und dessen Akteure. Diese Tatsachen lassen sich ebenfalls auf all die anderen Shows übertragen, die zwar faktisch weniger, aber nicht unwesentliche Einschaltquoten erreichen und somit ebenfalls Einfluss genießen.

„Eine Castingshow zu gewinnen ist nicht der Traum eines bestimmten Milieus, sondern einer Generation", sagt GUDRUN QUENZEL, Soziologin an der Universität Bielefeld und erklärte zur Relevanz solcher Formate auf die Berufswahl von Jugendlichen: *„In unseren Befragungen haben*

63 Prozent der Neun- bis Elfjährigen angegeben, sie könnten sich vorstellen, Model zu werden, seitdem sie GNTM sehen. Es ist also ganz klar eine Berufsperspektive. Die Tendenz geht bei den etwas älteren Mädchen, die also theoretisch den Beruf auch ausleben könnten, etwas zurück. Bei ihnen ist es immerhin noch knapp die Hälfte, für die dieser Beruf wegen der Sendung in Frage kommt."

„Ich finde es traurig, dass durch Heidi Klums Show so viele Mädchen dazu angeregt werden, Model werden zu wollen", sagte YANNIS NIKOLAOU, Chef der Hamburger Agentur ‚Placemodels'. Am Tag nach Ausstrahlung der Sendung erhalten Modelagenturen besonders viele Bewerbungen. Nun fragt man sich zwangsläufig, wie es dazu kommt, dass dermaßen viele junge Menschen nach solch einer Zukunft streben. MAYA GÖTZ hat eine Erklärung parat: *„Allerdings treffen Castingshows momentan den Zeitgeist der Jugendlichen sehr genau. Sie hoffen, den sozialen Status ihrer Eltern zu halten oder darüber hinauszuwachsen – und wünschen sich außerdem Statussymbole und einen guten Job. Gleichzeitig erahnen sie, wie schwierig es sein wird, dies zu erreichen. Dafür sind sie unter Umständen bereit, sich anzupassen und andere auszustechen. Ich denke, wir werden leider noch sehr lange etwas von dieser Sendung haben."*

Unter großer Anteilnahme des vorranging jungen Publikums wird nicht nur in dieser, sondern in verschiedensten Formaten der kommerziellen TV-Sender heutzutage das gesucht, was bereits in Fülle vorhanden ist: neue Stars. Und ein großer Teil der Zuschauerschaft sehnt sich beim Schauen dieser Castingshows bewiesenermaßen nach einem eben solch erträumten, aber unrealistischen Leben als Protagonist der Unterhaltungsbranche. Dieses Traumleben umfasst neben einem spekulierten Einkommen, ohne wirkliche Arbeit leisten zu müssen, einen hohen Bekanntheitsgrad und all die dazugehörigen Privilegien. Das ist bei genauerer Betrachtung auch nicht verwunderlich, steht als Quasi-Überschrift über all diesen Sendungen doch ‚Nicht jede(r) kann ein Star sein – aber jede(r) kann einer werden'. Dahinter steht ein Leistungsprinzip, das suggeriert: man kann alles schaffen, wenn man nur will. Und das klingt allemal besser als: ‚Nicht den Arbeitsamt-Termin morgen vergessen!' Expert/inn/en sind der Überzeugung, dass bei ‚GNTM' zum Teil auch kategorisch Mädchen ausgewählt werden, die beim Publikum Gedanken à la ‚So hübsch bin ich doch eigentlich auch' auslösen.

Somit wird eine Zuschauerschaft heran gezogen, die ebenfalls mit dem Gedanken spielt, sich irgendwann zu bewerben. Das erhöht zusätzlich die Zuschauerbindung an die Sendung und die Identifikation mit den Teilnehmerinnen. Die unangenehme, unausgesprochene Wahrheit ist allerdings, dass die Shows selbst ‚die Stars' sind und nicht die Personen, die bei den Castingshows teilnehmen. Studien zeigen, dass über vergangene Staffeln und Kandidatinnen kaum noch gesprochen wird. Castingshows sind also gewissermaßen das Fast Food des Fernsehkonsumenten. *„Die Marktanteile der Show liegen zum Teil bei mehr als 60 Prozent unter jungen Frauen, die Show ist Gesprächsthema Nummer eins auf dem Schulhof. Die Bilder im Fernsehen beeinflussen die Vorstellungswelt von Kindern und Jugendlichen sowie deren Selbstwahrnehmung ganz massiv. Auch, weil sie sich von den Charakteren und den Situationen, in denen diese sich befinden, sehr angesprochen fühlen. Von Schülern wird oft erwartet, die richtigen Antworten zu finden, unabhängig davon, ob sie an sie glauben oder für sinnvoll halten, sie müssen fremden Anforderungen genügen. [...] Das Aussehen, das Sich-Präsentieren auf diesen zehn Metern wird zu einem ganz zentralen Moment für die Zuschauerinnen. Die Mädchen spielen die Szenerien nach und unterhalten sich über die Frage: Wie sehe ich aus? Wie bin ich gelaufen? Sogar Mütter unterhalten sich mittlerweile mit ihren Töchtern ausführlich darüber, ob deren Nase, Gesicht oder Augen hübsch genug sind und vor allem, ob sie sich gerade gut präsentiert haben. Und das mit erschreckender Selbstverständlichkeit. Es lässt sich auch nachweisen, dass sich das Schönheitsideal bei den regelmäßigen GNTM-Zuschauerinnen verändert hat, hin zu einem professionellen Körper. Der sollte beispielsweise austrainiert sein oder so abgemagert, dass die Seiten schlank sind. Das widerspricht jedoch einem normalen Mädchenkörper. Der Körperlichkeit, die in GNTM vorgelebt wird, können die jungen Frauen nicht genügen. Da passiert momentan etwas, dessen Folgen wir noch gar nicht absehen können"*, warnte MAYA GÖTZ.

Fassen wir zusammen: Auch wenn viele junge Mädchen und Frauen nicht dem Reiz erliegen eine ähnliche Karriere anzustreben, beginnen sie bewusst oder unbewusst ihr eigenes Aussehen kritisch zu beurteilen, angeregt durch Werbung, Filme, Musik und andere Medien. Sie können sich auch schwer dem Einfluss entziehen. Ganz besonders problematisch ist dies für junge Mädchen in der Pubertät, die erst noch eine gesunde Beziehung zu ihrem sich verändernden Körper aufbauen müssen. Schließlich liefern Castingshows auch Material bei der sozialen und individuellen Identitätssuche. Von der Gesellschaft bereitgestellte Identitätsräume, Geschlechteridentitäten und Geschlechterbeziehungen werden von den jugendlichen Fernsehkonsumenten genutzt und mit dem Gesehenen abgeglichen. Fest steht: Castingshows sind als Familienprogramme zu verorten. Am häufigsten schauen Befragte verschiedener Länder mit Verwandten, seltener allein oder mit Freundinnen und Freunden die Sendungen an. Und so werden die Shows zu kommunikativen Ereignissen, die zur Pflege alltäglicher, sozialer Beziehungen und der Bildung sozialer Netzwerke genutzt werden. Gesprächsanlässe en gros werden ja auch geboten: das Verhalten, Aussehen sowie Können/Talent der einzelnen Kandidatinnen; die Fairness bei Entscheidungen der Jury; Stylings, Makeup und Kleider; das Auftreten und einzelne prekäre Kommentare aller Akteure und vieles mehr.

Die Auswirkungen einer solchen direkten und unbewussten Beeinflussung und dem selbstverständlichen, akzeptierenden Umgang damit innerfamiliär, in der Peer-Group und dem restlichen sozialen Umfeld, sind, wie MAYA GÖTZ passend formulierte, bisher schlichtweg nicht absehbar. Die Wertvorstellungen, die vermittelt werden, kann man hingegen deutlich herausfiltern: *„Im Prinzip geht es um die totale Anpassung an die nicht nachvollziehbaren Anforderungen von anderen Menschen. Genau das ist das Problem an der Sendung. Es darf nicht hinterfragt werden: Will ich das? Ist das sinnvoll? Passt das zu mir? Es geht in dieser Serie damit also nicht um den von den Jugendlichen unterstellten Aspekt, seine Identität wahren und ausleben zu können. Im Gegenteil, es geht nur darum, ob ein Mädchen willig ist, sich den Diktaten der Sendungsmacher zu unterwerfen – so verrückt die Aufgaben auch sind. Sobald eine Kandidatin aufmüpfig wird, wird sie rausgeschmissen. Das hat natürlich auch eine politische Aussage: Wenn du deinen eigenen Willen hast, wenn du dich nicht anpassen willst, dann passt du nicht in das System und musst gehen."* Wer dem objektiven Anspruch an die weibliche Attraktivität nicht entspricht und/oder es möglicherweise wagt zu widersprechen, fliegt schnell aus der Sendung. Ein mehr als fragliches Menschen- und vor allem Frauenbild, welches dort offen propagiert wird.

Nun ist die inszenierte Darstellung des Modellebens der Show tatsächlich nicht mal annähernd realitätsnah. Doch zumindest den einen Punkt betreffend, zählen die Meinung oder die individuellen Wünsche eines Models, de facto nicht viel in der Branche. Bezogen auf den langen Weg hin zu politischen Fortschritten der Rechte auf Meinungsfreiheit und der Würde des Menschen, sind solche öffentlichen Behandlungen und dessen stille Akzeptanz stark kontraproduktiv. Wie sieht es mit den weiteren Errungenschaften der emanzipatorischen Bewegung aus?

„Ich würde es gar nicht als Rückschritt bezeichnen, denn dieser Verweis auf die Äußerlichkeit ist im Grunde immer erhalten geblieben. Es wurde ja nie gesagt: Du darfst auch verlottert aussehen, das ist auch super! Dieses Phänomen kann man bis hin zu Frau Merkel beobachten. Egal, wie erfolgreich, intelligent und durchsetzungsfähig eine Frau ist, es wird immer auch ihr Aussehen mitdiskutiert. Eine Frau kann erfolgreich sein, aber wenn sie nicht auch außerordentlich hübsch ist, dann bleibt das ein zentraler Makel und sie reicht den öffentlichen Ansprüchen eigentlich nicht. Casting-Sendungen wie GNTM führen dieses Phänomen überdeutlich vor Augen.

In der Mädchenförderung waren wir eigentlich schon so weit, zu vermitteln, dass junge Mädchen nicht auf ihr Äußeres reduziert werden können. Jetzt wird auf einmal Aussehen wieder über alles gestellt. Das weibliche Rollenmodell ist nie wirklich aufgegeben worden, aber mittlerweile steuert die Öffentlichkeit auch nicht mehr genug entgegen." Die vermittelten Werte aktueller Fernsehsendungen werden tendenziell immer weniger kritisch in Frage gestellt. Im Gegenteil: Neu im heutigen Sexismus ist die Bereitwilligkeit, mit der sich viele Frauen daran beteiligen.

Casting-Teilnehmer/innen dienen als Orientierung und Vorbilder, prägen Karrierewünsche und Schönheitsideale. Ihr Verhalten wird unreflektiert adaptiert. Frauen lernen neben ihrem eigenen, auch das Aussehen und Verhalten anderer Frauen permanent in Frage zu stellen, zu vergleichen und zu bewerten. Und zusätzlich vermitteln manche Mütter ihren Töchtern noch, es sei erstrebenswert mit Nacktfotos in/auf einem Magazin zu landen oder Schönheitswettbewerbe zu gewinnen. Bei denen sie sich auf der Bühne wiederfinden, vor einem betrunkenen, grölendem Publikum in Unterwäsche räkelnd – ‚Mutti ist stolz.'

Experten machen noch auf ein weiteres Problem der aktuellen medialen Erziehung aufmerksam. So formulieren sie, dass mittlerweile viele Jugendliche dieser Generation besser um Inszenierungsmuster von Fernsehsendungen wissen, als ihren Schulstoff oder andere Zukunfts-/bildungsförderliche Dinge. Die Präsenz und Gewichtung von Fernsehen und Prominenten in der modernen Gesellschaft steigt exponentiell mit der Verfügbarkeit von TV und Internet und der Alltäglichkeit von Technik. Auf die Frage, was man den modelinteressierten Kindern und Jugendlichen vermitteln könnte um den negativen Tendenzen entgegenzuwirken, sagte die Expertin: *„Man sollte mit den Kindern reden und klarmachen, dass es eine Inszenierung von Realität ist. Und auch eine Frau Klum kritisch beleuchten und fragen: Muss das jetzt sein? Medienkritische Gespräche sollten aber nicht belehrend sein, das würde kaum funktionieren. Aber man könnte einfach mal sagen: Ich finde das nicht gut, was die Kandidatinnen machen müssen. So bekommt der Jugendliche die Möglichkeit, sich zu positionieren und eine kritische Haltung zu entwickeln."*

Eine kritische Basis, die den Jugendlichen ermöglicht, das Gesehene auch mal zu hinterfragen, könnten demnach durch Denkanstöße der Bezugspersonen hervorgerufen werden. Genau wie ins Wasser geworfene Steine Oberflächenwellen auslösen, könnte sich der Anstoß anschließend auf die Gleichaltrigen ausweiten, mit denen sich die Jugendlichen austauschen. Auf diese Art wirkt man auch der Voraussetzung entgegen, die als fundamentale Basis für den Glauben an das Gesehene besteht – eine gewisse Naivität. Ohne diese würde die Faszination nicht funktionieren, sagt auch MAYA GÖTZ: *„Man darf dabei natürlich nicht in Frage stellen, ob der Berufsalltag von professionellen Sängern und Models wirklich zukunftsorientiert oder erstrebenswert ist oder ob das Gezeigte auch nur peripher etwas mit dem Weg in das Business zu tun hat."*

Es wurde aufgezeigt, welche Verhaltensweisen und Schönheitsideale ‚Modelmutti' HEIDI KLUM und ihre Sendung propagieren. Schönsein und der Wille, es jedem recht machen zu wollen, ohne jegliche Selbstbestimmung, kann nicht zu einem erfolgreichen, erfüllten und glücklichen Leben führen.

Möglicherweise hilft ein Einblick in die reale Lebenswelt der jungen Frauen dieses Berufsfeldes beim Umdenken und Überdenken dieses Traumes. Dieser erfolgt im nächsten Kapitel.

Mit der Basis über die Entstehungsgeschichte der aktuellen Schönheitsideale, verkörpert durch die Modelvorbilder, und dem Verständnis um die mediale Wirkung auf die Vorurteilsbildung des angeblichen Alltags der Mannequins, kommen nachfolgend die Schilderungen der Frauen selbst.

4 Die Situation der Models

„Die lukrativen Karrieren weltbekannter Supermodels haben
nichts mit der Wirklichkeit der meisten Models zu tun,
die jung, meist weiblich und sehr verletzlich sind."

SARA ZIFF (2012, o. S.)

Darüber, wie es um die realen Arbeitsbedingungen von hauptberuflichen Models tatsächlich bestellt ist, gibt es wenige verlässliche Erkenntnisse und Quellen. Somit wissen die Wenigsten um die wirklichen Bedingungen, unter denen in der Modewelt gearbeitet wird. Gerade weil in den bekannten TV-Formaten eine glitzernde, glamouröse und vor allem klischeebehaftete Märchenwelt propagiert wird, ist eine verzerrte Idee in den Köpfen der Menschen vorherrschend. Solch eine Traumwelt umfasst die klassischen Vorstellungen eines Promilebens: Reisen um die Welt, Bekanntheit und Ansehen, ein gehobener Lifestyle durch schnelles Geld, das Tragen der hübschesten Kleidung und stets umgeben sein von schönen Menschen und natürlich auch von gutbetuchten, einflussreichen Berühmtheiten.

Das führt dazu, dass junge Mädchen das Leben eines Models idealisieren. Eine Vorstellung, die auf wackligen, dünnen Beinen steht. Die Realität entspricht wenig dieser Vorstellung. Sie nehmen leider zu Unrecht an, dass jedes Model von der ganzen Welt angehimmelt wird, stetig Einladungen zu Partys einfliegen und man täglich Kaviar isst. Niemand erzählt einem Einsteiger, wie es tatsächlich ist, was man zu beachten hat, was die ungeschriebenen Regeln dieser Welt sind. Der Modeljob wird auch immer ein gewisser Mythos bleiben, da jede/r seine eigenen Erfahrungen macht und vom Traumjob bis Albtraum alle Erfahrungen vertreten sind. Hinzu kommt, dass sich Wenige zu ihren negativen Erlebnissen öffnen. Viele der jungen Mädels erwartet eine Welt aus Stress, Ausbeutung, Drogen und Hunger-Vorschriften. Manche haben von Natur aus die verlangten körperlichen und charakterlichen Anforderungen, können den hohen Druck der Branche managen und haben das Glück, den leider oft üblichen sexuellen Belästigungen nicht ausgesetzt zu werden. Beide Fälle sollen im Folgenden dargestellt werden – der Idealfall, sowie die negativen Erlebnisse aktuell berufstätiger (und ehemaliger) Models.

Es gibt konkrete Fakten, die sich Einsteigermodels, Personen des Umfeldes oder auch Sozialarbeiter aneignen können – Präventionsarbeit gewissermaßen. Mit diesem Wissen werden aufgeklärte Newcomer nicht überrascht von unseriösen Agenturen, dem plötzlichen Ruhm oder einem ebenso schnellen Fall und den weiteren negativen und positiven Seiten, die diese Branche mit sich bringt. In diesem Kapitel finden sich zusammengetragene, reale Erlebnisberichte und Schilderungen der Fashionmodels und mir selbst über positive und negative Faktoren des Lebens als Model.

4.1 Positive Faktoren des Berufes

„Mir geht es richtig gut momentan. [...] Es ist so, wie ich es mir erhofft habe: Ich reise viel, treffe viele verschiedene Leute, habe tolle Aufträge. Wenn es so weiter geht, bin ich wirklich zufrieden."
BARBARA MEIER, Germany's Next Topmodel-Kandidatin,
sieben Monate nach der Sendung

Ein Blick auf die guten Seiten zeigt, was junge Menschen daran reizt in das Modelgeschäft einzusteigen. Diese positiven Faktoren sollen in dieser Publikation keinesfalls vernachlässigt werden. Im Großen und Ganzen wiederholen sich die genannten positiven Elemente in den Berichten. Die dabei am häufigsten auftauchenden Vorzüge sind: Ruhm, Luxus, mit dem Aussehen Geld verdienen, die Verehrung vieler, das Reisen und selbstverständlich auch das Tragen schöner Kleider.

„Ich liebe das Gefühl zu wissen: Morgen fliegst du nach Rom. Überhaupt, die Reisen, die sind supertoll. Ich war schon in Venezuela, da hat´s mir besonders gut gefallen. Und allein letztes Jahr war ich in Los Angeles, Las Vegas, New York, Paris, Mailand, Rom, Wien, Zürich, London. Wer in meinem Alter hat schon so viel von der Welt gesehen? Mir gefällt überhaupt das Model-Leben, die ganze Art zu arbeiten. Bei größeren Produktionen herrscht meist eine sehr angenehme Atmosphäre. Man ist eine Woche unterwegs oder auch fest am Set. Man lebt wie in einer kleinen Familie. Mit

dem Unterschied, dass man nach einer Woche wieder auseinander geht. Mir macht das Spaß." – SYBILLE (Look at me, Seite 138)

Die speziellen Anforderungen dieses Berufsfeldes bewirken zwangsläufig charakterliche Entwicklungen sowohl negativer, als auch positiver Art. So werden als positive Effekte soziale Kompetenzen dadurch geschult, dass sich die Frauen stetig in neue Teams integrieren, auf die individuellen Personen einstellen und sich allgemein in neue Situationen einfinden müssen – so wie auch das Model treffend im vorherigen Zitat beschrieb. Offensichtlich gelang ihr dies nicht nur, sie fand großen Gefallen an dem wechselnden menschlichen Umfeld und dem zugehörigen sozialen Milieu.

Für ein Model ist es essentiell, ein Gefühl dafür zu besitzen, wie sie aussieht und wirkt in bestimmten Posen, ihre Mimik und Gang-Arten. Durch die Arbeitspraxis werden solche Fertigkeiten geschult und weiter ausgeprägt. Uninteressante Kleider durch ein Posing interessanter aussehen zu lassen oder die eigenen Beine in Szene zu setzen wissen – all dies sind normale Aufgaben, die ein Model bewältigen muss. Sie muss mit Anweisungen von Fotografen etwas anzufangen wissen. Über kurz oder lang wissen sie dann exakt um ihre Wirkung auf andere, kennen ihre (vermeintlichen) äußerlichen Vor- und Nachteile und können bei jedem neuen Auftrag eine neue Seite von sich kennenlernen.

Auch wie ein bestimmtes Make-up, Styling und Outfit eine Person immer wieder in einem komplett anderen Licht erscheinen lassen kann, ist Teil der erlernten praktischen Techniken. Eine Notwendigkeit, denn bei kleineren Produktionen kann es unter Umständen vorkommen, dass sie sich selbst, also ohne eine/n gelernte/n Visagistin/en, stylen müssen. Diese Rollen, in die man als Model schlüpfen kann, bringen unheimlich viel Spaß und Erfahrung mit sich. Ebenfalls nicht zu vernachlässigen ist die geschäftliche Komponente dieser Berufsausübung, der die jungen Mädchen für das zukünftige Leben vorbereitet und unverblümte Einblicke in die wirtschaftliche Welt gewährt. Es handelt sich um einen Beruf, der sie im Idealfall Verantwortungsbewusstsein im Umgang mit Geld, Terminen, Gesundheit und dem sozialen Umfeld lehrt. An den Fotografie-/Film-Sets, bei Castings und bei Geschäftsterminen liegen nämlich hohe Ansprüche auf den Schultern der Mädchen, gewisse Tugenden betreffend. Solche sind: Pünktlichkeit, Organisationstalent, Freundlichkeit, Flexibilität, Spontanität und mehr. Sie lernen hier schnell die Relevanz solcher Eigenschaften im Berufsleben.

Neben der Tatsache, dass erfolgreiche Models an der Seite weltberühmter Designer auf internationalen Modemessen und Modeschauen auftreten, genießen sie auch das Privileg, die Designerstücke als Erste sehen und tragen zu dürfen. Ein sensibles Gespür für Mode und Trends bringt der Beruf selbstredend mit sich. Dieses erlernte Gefühl und die geschlossenen Kontakte können später, nach dem Modeln, so beispielsweise bei einem businessinternen Werdegang Türen öffnen (Stylistin/ Visagistin, einen Job in einer der Modelagenturen, bei den Mode-Magazinen oder gar eine Schauspielkarriere). Für Newcomermodels aus dem europäischen Markt bedeutet die aktive Ausführung dieses Jobs die Tatsache, mit etwas Geld zu verdienen, was sie lieben. Und wenn es gut läuft, sogar viel Geld zu verdienen. Das Potenzial dafür befindet sich in diesem Berufszweig. Die osteuropäischen jungen Mädchen sehen diesen Job, im Vergleich zu deutschen Models, oft eher als Chance an, komplett aus ihrer perspektivlosen Heimat auszubrechen. Es besteht eben eine, wenn auch geringe Chance, hier berühmt und reich zu werden, Fuß zu fassen im ‚goldenen‘ Teil der Welt.

Das System der Bespaßung

In jeder großen Modemetropole gibt es sogenannte PR's, abgeleitet von ‚Public Relations‘ – der Öffentlichkeitsarbeit. Diese Personen, zumeist Männer, haben nicht mehr viel mit dem traditionellen, kommunikationswissenschaftlich basierten Berufsbild zu tun. Wenige außerhalb der Branche wissen von ihrer Existenz. Sie sind Teil eines großen Beziehungsgeflechts zwischen Modellen, Clubs, Hotels, Restaurants und den Reichen und Schönen. Nachts tauchen sie in den Hotel-Foyers auf und bringen die dort untergebrachten Models zu den angesagtesten und edelsten gesellschaftlichen Anlässen. Ohne eigene, finanzielle Mittel einbringen zu müssen, werden die Models bespaßt und genießen Privilegien in fremden Städten überall auf der Welt. So können sie unbekannt und zum ersten Mal in eine Stadt reisen und dinieren trotzdem schon am selben Abend in den feinsten Restaurants oder feiern in den VIP-Bereichen der höchstdotierten Clubs. Zu diesen aufregenden Vorzügen kommt nunmehr noch der freie Drogenkonsum, der diese Welt noch spannender erscheinen lässt, zumindest anfangs. In manchen Diskotheken erhalten die Modelle sogar eine Bezahlung, nur wenn sie dort erscheinen und feiern. Die mysteriösen, selbstständig arbeitenden PR-Männer kassieren eine saftige Vergütung von ihren Kunden, den Clubs und Restaurants. Denn diese könnten keine bessere Werbung bekommen, als die Mundpropaganda, die ,angesagten Modelparties' zu schmeißen. Zahlungskräftige Kunden kommen und spielen das investierte Geld wieder herein – ein rentables Geschäft. Und auch die oft gelangweilten, einsamen Models profitieren davon, einen so exklusiven Lebensstil nach der anstrengenden Arbeit umsonst angeboten zu bekommen.

Aufmerksamkeit, körperliche Nähe und sogar Sex mit den jungendlichen, hübschen Modellen, im Tausch für besondere Zuwendungen, leisten sich die medial-bekannteren sogenannten ,Sugar-Daddys'. Es sind zumeist ältere, reiche Männer. Auch sie finanzieren Dinge des Aufenthalts: Nahrung, Unterkunft, Luxus, Telefongebühren, die abendlichen Aktivitäten und wenn sie die Frauen nicht selber chauffieren, auch die Fahrkosten zu den Terminen. Selbstverständlich werden solche sexuellen Gefälligkeiten durch minderjährige Mädchen, die den Avancen von alten Männern ausgesetzt sind, gesellschaftlich verurteilt. Es ändert sich aber auch nichts an den Umständen, wenn die Nachfrage bestehen bleibt und dieses System auf Basis simpelster Strukturen nicht konsequent Ablehnung findet. Dafür funktioniert es wohl einfach zu gut.

Meine positiven Erfahrungen im Business

Trotzdem ich dazu neige, bevorzugt negative Aspekte hervorzutun und publik zu machen, in der Hoffnung eine Veränderung anzustoßen, kann und möchte ich die positiven Erlebnisse dieser vergangenen Jahre nicht von der Hand weisen. Der Modelberuf bringt vielerlei interessante Aspekte mit sich.

Ich war in Paris zu einem Kalendershooting und bekam als Vergütung eine Woche Urlaub in dieser wunderschönen Metropole mit persönlicher Betreuung, Führungen und Ausflügen in die angesagtesten Clubs, sowie ein Erinnerungs-/Souvenir-Tattoo umsonst. Ja, mein Bein ziert jetzt tatsächlich unter anderem ein (möglicherweise etwas kitschiger)

Foto: © Manu Wolf | Doc Tattoo Removal

Eiffelturm. Für ein Covershooting war ich bereits in London (auch von dort habe ich ein ‚Tattoo-Mitbringsel' – den ‚Big Ben').

Über die Arbeit bekam ich exklusive Einblicke in die großen Produktionen von Werbekampagnen, Fernsehen und Kinofilmen und war sogar ein Teil davon. Das Gefühl sich selbst im Fernsehen zu sehen oder in ein beliebiges Zeitschriftengeschäft in ganz Deutschland, Österreich und der Schweiz zu gehen und das Magazin vorzufinden, dessen Cover man selbst gerade schmückt – ist mit nichts zu vergleichen. Es war eine gewisse Art des Stolzes. Schon alleine bewiesen zu haben, dass man auch bekannt werden kann, ohne annähernd die etablierten, oberflächlichen Modelmaße zu erfüllen, ist eine Genugtuung. *„Fürs Modeln bist du eh zu klein, zu dick, zu hässlich oder zu alt …"* – Challenge accepted!

Zudem ist es auch schlichtweg witzig, dort in sein eigenes Gesicht zu blicken und das mit dem Bewusstsein, dass diese Zeitung eine Auflage von 60 000 Exemplaren hat. Es sind 60 000 Menschen, die dich beim Gang in den Zeitungsladen erblicken und darunter auch eine stolze Mutti. Mittlerweile sind es fünf bis sechs Cover oder sogar mehr, unzählige Postkarten und Kalender, Kataloge und andere Printmedien, für die ich gebucht wurde. Hinzu kommen verschiedenste Fernsehauftritte, Laufstege und Moderationen. Niemals hätte ich gedacht, einmal im Leben Autogramme zu schreiben.

Neben dem durch gute Jobs verdienten Geld, gab es auch oft noch andere Gratifikationen wie beispielsweise Markenkleidung, Kosmetikartikel, Friseurprodukte, Schmuck und Co., welche von einigen Auftraggebern gern an mich weitergegeben wurden. Zudem melden sich, ab einer gewissen Bekanntheit und Sympathie, regelmäßig Sponsoren bei einem. Ich habe die liebsten Firmen als Unterstützer an meiner Seite, die mich von Zeit zu Zeit mit tollen Dingen ausstatten [Vielen Dank an Fidelius Clothing, True Rebel, Urban Tribe Schmuck, the Fistshop, TattooMed und viele mehr.]. Aber am Ende macht es bereits einen gewissen Reiz des Berufes aus, derart wunderhübsche Bilder von sich zu besitzen, die man nach den ganzen aufwändigen Foto-Produktionen vorzuweisen hat. Sie sind einfach eine schöne Erinnerung. Ich habe mir dazu einen alten Koffer besorgt, in den ich die angesammelten Referenzen packe. Besonders geschätzt – menschlich und künstlerisch – habe ich die langjährigen Zusammenarbeiten mit RICA ROSA, MIMIKRY BERLIN, LENA REINER und den Visagistinnen FRANZI (eine Visa als Nachbarin – ein Traum!), SYLVI VON FROLLEIN PUDERQUASTE und CLAUDIA BOGNER.

Von den unzähligen Menschen, denen man im Arbeitsalltag begegnet, bleiben leider nur die wenigsten Kontakte bestehen. Allerdings möchte ich die, die blieben, auch nie wieder als Freunde und Inspiration missen. Ich konnte in diesem Berufsfeld meine unendliche Neugier auf soziale Geflechte, Menschen und Hintergründe von Werbeproduktionen/-strategien wieder etwas mehr stillen.

Einer der größten Vorzüge, die diese Art Arbeit für mich beinhaltet, ist es, in verschiedenste Rollen und entsprechende Stylings zu schlüpfen und durch Ausprobieren deine persönlichen optischen Vorzüge zu erkennen und optimal in Szene zu setzen. Niemals zuvor hatte ich mich selbst als eine Femme Fatale gesehen oder als immer-fröhliches, freches Pinup-Girl. Nun fand ich mich plötzlich wieder gekleidet in dem jeweiligen Outfit und musste spontan glaubwürdig rüberkommen. Ich hatte schließlich den Anspruch meinen Job professionell zu erfüllen. Also versetzte ich mich in die Rolle. Und ich fand Gefallen daran, mich auf diese Art auszuprobieren. Und das obwohl ich mich dieses eine Mal so fühlte, wie im Inneren eines Luftballons gefangen, als ich in hautenge Latexkleider gezwängt wurde. Einfach nicht mein Material! Für eine Berliner Streetwearfirma wurde ich einst gebucht, einen Laufsteg mit ausschließlich Obdachlosen zu laufen – eine tolle Erfahrung mit diesen interessanten Menschen den langen Weg nach München anzutreten und dann dort zu arbeiten. Wir wurden aufgrund unseres Aussehens unterwegs verhaftet und zur Personalien-Kontrolle sogar aus unserem Zug in eine Polizeistation gebracht. Was für ein Abenteuer! Zusammen mit VICTORIA, einer geschätzten Freundin, wurde ich für ein Shooting von Staedtler Stifte gebucht und durfte zusammen mit ihr eine riesengroße, spannende Produktion erleben. Ein Team von bestimmt 15 Mann um uns rum und das für nur ein einziges geschossenes Bild. Wenig Zeit später saß ich in einem Café in der Berliner Innenstadt und fand unser Foto zufällig in einer Szenezeitung, die überall auf den Tischen auslag. Ebenso ausgefallen waren Shootings für Playstation, Paul Mitchell, verschiedenste Musikvideodrehs und Werbeproduktionen. Von Wasserwellen bis Irokesen, selbst barocke und kiloschwere, avantgardistische Perücken trug ich bereits auf meinem Kopf. Ich präsentierte schicke Hosenanzüge, teure Kleider, Korsagen, Schmuck, Hüte, Brillen. Man sprach mich regelmäßig einfach auf der Straße und bei Events an, ob ich Model sei und Interesse habe an einer Zusammenarbeit oder einer Buchung. Ich habe so unglaublich viel gesehen und erlebt in diesen fünf Jahren und möchte die guten Erfahrungen nicht missen.

4.2 Negative Faktoren des Berufes

„Jedes Mal, wenn ich fotografiert werde,
bleibt ein bisschen weniger von mir übrig.
Was wird letzten Endes übrigbleiben? Das frage ich Sie."
DOROTHY MCGOWAN in dem Modelfilm
‚Wer sind Sie, Polly Maggoo' von WILLIAM KLEIN

Model sein bedeutet trotz Jetlag, Schlafmangel, den Auswirkungen der Ernährung bei dem jeweiligem bevorstehenden Job immer tipptopp aussehen zu müssen. Und all dies mit einem Körper, der über keine Reserven verfügen darf, denn man kann ja nicht dünn genug sein. Nicht selten kommt man durch eine Verspätung von Zügen, Flügen oder dem stockenden Verkehr der Metropolen, erst um 2 ins Bett und wird bereits um 5 frisch geduscht vor dem Hotel erwartet. Am Set wird an einem gezerrt und gemalt, um eine Stunde später vor der Kamera möglichst makellos auszusehen. Was so nicht zu optimieren ist, wird nachträglich per Computer gerichtet. Es kommen 17-Stunden-Tage vor und das auch mal bei Minusgraden knietief im Schnee stehend oder bei plus 45 °C und blendendem Sonnenschein trotzdem einen entspannten Blick wahren müssen. Models reisen viel, das ist Fakt und auch ein großer Pluspunkt, der immer wieder angebracht wird. Aber um Städte und Länder kennenzulernen, ist die Zeit zwischen den Shows und Castings oftmals nicht ausreichend. Die wunderschönen Städte sehen die Models meist nur durch das kleine Fenster auf der Taxifahrt zum Job und zurück.

Die Konkurrenz untereinander und der Druck sind immens. Das Privatleben leidet unter den Arbeitszeiten, die ebenso unregelmäßig sind wie das monatliche Einkommen. Dieses richtet sich nach Auftragslage und der eigenen momentanen Beliebtheit, die sich ständig ändert. Der Traum kann dementsprechend auch schnell wieder vorbei sein, wenn ein Mädchen plötzlich nicht mehr gefragt ist. Und diese Gefahr – diese Wahrheit – sitzt so gut wie jedem Model ständig im Nacken.

Models sind viel alleine, sei es komplett alleine fernab von zu Hause oder in einem kleinen Modelapartment mit missgünstigen Konkurrentinnen, bei denen man sich trotzdem alleine fühlt. Allerdings wissen sie auch oft nie, wo sie am nächsten Tag sein werden. Das ist zunächst spannend, aber besonders anfangs auch anstrengend für die jungen Frauen und Mädchen (Wever 2008). Es gibt einfach keine Beständigkeit. Die Schattenseiten dieses Traumberufs umfassen, zu den bereits erwähnten allgemeinen Arbeitsgegebenheiten, außerdem: unseriöse Praktiken, wie die schlechte Zahlungsmoral der Agenturen, oft Arbeiten ohne Pausen bis zur Erschöpfung, ein harter Umgangston und sogar sexuelle Belästigung. Diese oftmals verschwiegenen Gegebenheiten sollen nachfolgend näher betrachtet werden.

4.2.1 Finanzproblematiken

„Es gibt Zeiten, da kommt wochenlang nichts.
Dann überweisen sie dir plötzlich 15000 Euro."
CHRISTINE BEUTMANN (2012, o. S.)

Es gibt wenige Sicherheiten in der Welt eines Models, vor allem, wenn es um den finanziellen Aspekt geht. Der Traum vom schnellen Geld platzt dann, wenn sie monatelang zu Castings hetzen und nicht bei einem gebucht werden. *„Eine Absage ist schon niederschmetternd. Man verschiebt Verabredungen und andere Termine, nur um bei einem bestimmten Casting dabei zu sein, und dann bekommt man den Auftrag doch nicht"* (Breddin 2000, S. 130). Zeitgleich steigt Angst zu versagen, denn die Agenturen schlagen bei den wählerischen Kunden nur jene der Mädels vor, die im Gespräch bleiben und regelmäßig gebucht werden. Schnell kann man aus einer Agentur fliegen, trotz idealer Maße und Voraussetzungen. Bereits die folgende Saison kann das gleiche Model der ultimativ angesagte Typ sein, aber bereits aus dem Business ausgestiegen sein. Es ist für viele einfach ein Glücksspiel zur richtigen Zeit am richtigen Ort zu sein und dazu noch die richtigen Hebel zu ziehen. Diejenigen, die das Glück haben gebucht zu werden, sind, was die Höhe der Bezahlungen angeht, oft der Gutmütigkeit der Firmen ausgeliefert: *„Es gibt viel zu viele Beispiele, in denen Models fast nichts bezahlt bekommen. Und wenn sie sich dagegen wehren, dann werden sie schnell von anderen Models ersetzt, die nicht nach dem Geld fragen."* SARA ZIFF zu www.modelinia.com.

„Auf die meisten Honorarzahlungen wartete ich drei, vier Monate, manchmal auch länger", erzählt das Model BIANCA BAUER in einem Interview. Dazu höre sie immer die gleiche Ausrede, dass der Kunde noch nicht bezahlt hätte. Da man als Model so gut wie nie Kontakt zu dem Auftraggeber selbst hat, sind die genauen Bezahlungsabläufe intransparent. BIANCA mutmaßte: *„Ich vermute, dass gewisse Agenturen zwischen 50 und 70 Prozent Provision kassieren"*, statt den üblichen 20 bis 25 %. Bezahlt der Kunde tatsächlich nicht, müssen oft die Models die Folgen tragen. Die gängigen Verträge beinhalten oft Sparten darüber, dass die Modelle den Lohn weder von Agentur, noch von den Kunden selbst, einfordern dürfen. Das Inkassorisiko tragen sie selbst und ebenfalls die persönlichen Folgen der ausbleibenden Gehälter. Weitere nachteilige oder sogar rechtlich fragwürdige Inhalte der vertraglichen Vereinbarungen können in dieser Art zwischen Model und Agentur auftreten:

- die Abtretung des Recht am eigenen Bild oder sämtliche Urheberrechte
- Ausstellung einer Blankovollmacht – die Agentur kann so im Namen und auf Rechnung des Models tun und lassen, was sie möchte
- Verbot von eigenen Absprachen mit dem Kunden
- Exklusivrechte auf das Model, so dass sie für keine anderen Agenturen oder frei arbeiten darf
- Spezialversicherungen
- Pflicht, jegliche Kontakte zu potenziellen Kunden oder Anfragen an die Agentur weiter zu leiten

In Deutschland sind professionelle Models gewerbepflichtig und das mit allen verbundenen Verpflichtungen und Risiken einer Selbstständigkeit. Sie müssen an Coachings zu den geltenden Steuerregelungen und den einhergehenden Verpflichtungen teilnehmen oder sich mühselig selber in die Thematik hineinarbeiten. Versicherungen, Steuern und eventuelle Coachings können eine nicht zu unterschätzende, zusätzliche finanzielle Belastung darstellen. Dazu kommen noch weitere notwendige, finanzielle Investitionen, wie spezielle Kosmetika, Körperpflegeprodukte, Kleidung, Fahrkosten etc.

Tausende Euro fließen zu ‚Halsabschneidern', die vermeintlich notwendige Modelkurse und Fotoshootings anbieten – eine Gefahr für die Frauen, im Besonderen für die Einsteiger unter ihnen. Unseriöse Agenturen verlangen schon mal im Voraus horrende Summen für die Aufnahme in die Agentur oder verordnen unnötige Modelcoachings: *„Obligatorisch war dieser zwar nicht, telefonisch hat man mir jedoch eindringlich erklärt, dass eine Weitervermittlung ohne diesen Kurs äußerst schwierig sei",* erinnert sich LEONIE im Gespräch mit dem ‚Beobachter'. In der realen Arbeitswelt bringen diese teuren Investitionen oft keinen Vorteil und doch versuchen junge Mädels alles für ihre Aufnahme in die Karteien dubioser Agenturen, häufig mit finanzieller Unterstützung wohlwollender Eltern. ‚Schwarze Schafe', die einfaches Geld aufgrund der Träume blutjunger Mädchen wittern, gibt es hier leider im Überfluss. Darunter befinden sich unter anderem Personen, die Modelwettbewerbe organisieren, Modelschulen aufmachen, mit falschen Versprechungen und horrenden Kosten für die Teilnahme. Dabei sollten weder für die Aufnahme in die Agentur Kosten in Rechnung gestellt werden, noch für die ersten Sedcardshootings und ebenfalls nicht für Teilnahmegebühren an Wettbewerben. Die weltweit führende Agentur ‚Elite Models' richten regelmäßig jedes Jahr einen großen Modelcontest aus und das frei von Teilnahmegebühren.

4.2.2 Zukunftsperspektiven eines Models

„Die Unschuld und die Schönheit haben nur die Zeit zum Feind."
WILLIAM BUTLER YEATS

„Das große Interesse konnte ich mir nur damit erklären, dass Model nicht als echter Beruf wahrgenommen wird. Eher schon als glamouröses Hobby, bei dem man viele Flugmeilen sammelt. Man kann seinen Job nicht mal mit kommerziellem Erfolg rechtfertigen. Denn jeder weiß: Das geht nicht ewig weiter und dann musst du was ‚Richtiges' machen", so EVA

PADBERG in ihrem Buch zu der immensen Aufmerksamkeit zu ihrem 30. Geburtstag.

Eine kleine Studie der Non-Profit-Organisation ‚The Model Alliance' mit 85 Models, die Verbesserungen der Arbeitsbedingungen von Models zum Ziel hatte, zeigte: *„Die meisten Models starten ihre Karriere im Alter von 13 bis 16 Jahren, nämlich 54 Prozent. 37 Prozent fangen erst nach dem 17. Geburtstag an, als Model zu arbeiten, und nur knapp 7 Prozent waren bereits über 21, als sie ihre Karriere starteten."* SUSANNE WOLFF für jolie.de.

„Eines der bemerkenswertesten Dinge an diesen Models heute ist, dass sie so schnell verbraucht und ausgespuckt werden." Model MAGALI AMADEI (2007 zum ‚New York Times Magazine'). Da die schnelllebige Modebranche nach immer neuen Gesichtern verlangt, sieht man die Models oft nur eine Saison und dann nie wieder. *„Der Model-Beruf basiert auf gewissen Ungerechtigkeiten. Wer heute als schön gilt, wird morgen kaum noch zum Putzen bestellt"*, ist eines von Modezar KARL LAGERFELDS bekanntesten Zitaten. Eine Handvoll Models teilen sich ca. sechs Monate lang alle wichtigen Laufsteg- und Werbejobs, so EVA PADBERGS Ansicht. Sie werden gefeiert und verehrt als ‚DIE neue Entdeckung'. Bis die Saison zu Ende ist und sie ebenso schnell verschwinden, wie sie aufgetaucht sind. *„Viele Designer, Werbekunden und Fotografen ziehen das Junge dem Bekannten vor"*, meint EVA PADBERG.

Dementsprechend können die Mädchen auf den Modenschauen – als aktuell gefragter Typ – gut Geld verdienen, das aber nur verbunden mit reichlich Stress, durch teilweise mehrere Shows am Tag und dann eventuell als einmalige, saisonale Aktion. Sie hätten ja nicht einmal die Chance durch Erproben und Übung eine berufliche Kompetenz aufzubauen, so sagt das Model. Doch es gibt auch erfolgreich beständig arbeitende Models, die bis zur ‚Obergrenze' von 24 Jahren tätig sind oder sogar darüber hinaus. Darunter befinden sich auch solche, die seit mehreren Jahren ihren ‚24. Geburtstag' feiern.

„Wenn ich zum Casting gehe, dann sage ich immer, ich bin 19. Ich muss keinen Perso vorzeigen. Das ist auch allen bewusst, dass jeder lügt. Ich kenne ganz viele Models um die 26 und offiziell sind sie 21, 19 – irgendwie so was. Es ist nur pro forma, im Prinzip ist es jedem egal, wie alt man ist." Neele Hehemann (2011, o. S.). Tricksen, was das tatsächliche Al-

ter angeht, ist an der Tagesordnung bei den hübschen Mädchen. Für viele der einzige Ausweg weiterhin zu Einkünften zu kommen, wenn sie mit Anfang 20 schon zu den ‚alten Hasen' gehören. Die Konkurrenz steht in den Türen bereit – nämlich all die Teenies, die ebenfalls nur eine kurze Karriere vor sich haben und es nicht erwarten können zu starten. Sie sind alle austauschbar, bis auf die Wenigen, die sich fest etablieren können und zur Riege der Topmodels gehören. Die normalen Durchschnittsmodels merken mit der Zeit, dass sich schleichend das Interesse an der eigenen Person verringert und Buchungen ausbleiben – ein günstiger Moment, um sich über die eigenen alternativen Zukunftsperspektiven Gedanken zu machen. Model KERSTIN (2000, o. S.) sagte einst auf die Frage wie lange sie noch Modeln möchte: *„Nicht mehr lange. Ich will meinem Verfallsdatum zuvorkommen. Bei den Schauen wollen die sowieso immer nur die allerneuesten Gesichter. Ich find das immer so bitter, wenn ich von Mädchen höre, die mit mir angefangen haben und immer noch um jeden Preis Schauen laufen wollen. Die rennen dann entweder in Paris zu jedem Casting und werden nicht gebucht, oder sie gehen nach Japan und sind dort unglücklich. Weil sie geliebt werden wollen. Den Fehler darfst du nicht machen. Du wirst doch eh nur vertickt, die ganze Zeit, und auch wenn du Luxus bist, bist du doch nur ein Produkt. Wer in der Modebranche seinen Stolz verliert, verliert auch sofort seine Würde. Schon bald werde ich meine Agentur zum Essen einladen, werde mich lieb bedanken und mich verabschieden."*

Den Jüngsten ist es dringend anzuraten, ihre schulische Ausbildung zu beenden und zukunftsorientiert auch andere Verdienstperspektiven ins Auge zu fassen, vielleicht bereits bei dem Berufsantritt als Model. Wenn die Karriere altersbedingt mit Mitte 20 endet, ist nach wie vor ausreichend Zeit für ein Studium, eine Ausbildung, Familienplanung oder eine andere Laufbahn. Es ist ein möglicher Neustart, vorausgesetzt sie können den drastischen Lebenswandel hin zur Normalität gut kompensieren. Manche nutzen die bisher gewonnenen Kontakte clever aus und erwägen einen Berufseinstieg in brancheninterne Jobs wie Make-up-Artistin, Bookerin oder gar Agenturleiterin. Wer es schafft mit Würde und besonders auch Charisma zu altern, kann auch noch nach dem 24. Lebensjahr bis hin ins hohe Alter Modeljobs finden. Die Sparte der ‚Best Ager' – der Seniormodels – gewinnt immer mehr an

Beliebtheit. Die 70-jährige Deutsche EVELINE HALL beispielsweise arbeitet erfolgreich und mit viel Spaß an der Sache. Hier ein Ausschnitt ihrer herausragenden Arbeiten:

4.2.3 Psychische und physische Auswirkungen

> *„Eigentlich hätte ich das ja lernen müssen, wie ich mich schön*
> *anziehe und meine Haare mache. Ich hätte auch lernen müssen,*
> *wie man dichtmacht. Das ist wichtig. Sie gebrauchen deinen Körper,*
> *da sollten sie wenigstens zu deiner Seele keinen Zugang haben.*
> *Die meisten Models können das prima: mit niemandem reden.*
> *Ich konnte das nie."*
>
> Model ‚Kerstin‘ (2000, o. S.)

Heimweh. Einsamkeit. Ausgemergelt und ausgelaugt. Zwangsläufig kommen Gefühle hoch. Mühsam aufsteigende Tränen müssen jedoch unterdrückt werden, denn weinen verursacht verschwollene Augen und könnte dazu führen, noch vor dem Job direkt nach Hause geschickt zu werden. Über 68 Prozent der befragten Models der kleinen amerikanischen Studie der ‚The Model Alliance‘ leiden oder litten an einer Depression oder Angststörung. Erschöpfung als Dauerzustand. In ihrer Mode-Doku ‚Picture me‘ berichtet Model SARA ZIFF von Arbeitstagen auf Fotoshootings, die keinerlei Essenspausen beinhalteten bei 20 Stunden durchgehender Arbeit. In einer Woche überquerte sie bis zu drei Mal den Atlantik und jettete von Termin zu Termin. *„Sie lassen dich nicht ‚Nein' sagen und das macht dich irgendwann fertig"*, erzählt sie und meint Agenten, die sie keinen Tag frei machen ließen, obwohl sie schon weinend am Telefon beteuerte, sie könne nicht mehr. Eine von vielen fragwürdigen Methoden der Agenturen dieses empathielose Ausschlachten der körperlichen und mentalen Kapazitäten der jungen Frauen, solange sie gefragt sind. Eine ‚Elite'-Modelcontest-Gewinnerin beschrieb den ständigen Arbeits-Trubel in dieser Art: *„Das war alles ein Riesenabenteuer, ein Wahnsinn auf Zeit, aber das war nicht mein Leben. War ja auch kein Leben."* Jene KERSTIN berichtete weiterhin davon, wie sie einmal mitten während eines Fluges anfing zu weinen, einfach aus Verzweiflung, weil niemand mehr wusste, wo sie sich zu diesem Zeitpunkt überhaupt befinden würde. Ständig vergoss das ausgelaugte Mädchen Tränen zu dieser Zeit, besonders beim Gedanken an die Heimat, bei Telefonaten mit der Mutter oder beim Kontaktieren der Freunde. Alltäglich Erschöpfung und Stress, Widerrede nicht erlaubt, ein Leben aus dem Koffer - das geht auf die Psyche junger Mädchen. Bei der erwähnten SARA ZIFF lösten der Druck und die Überbelastung bereits deutlich sichtbare psychosomatische Stressreaktionen aus. Durch die starke seelische Belastung bekam sie schreckliche Hautausschläge/ -unreinheiten. Zu dieser Zeit dokumentierte sie mit ihrer eigenen Kamera einen Nervenzusammenbruch, bei dem sie mit ihrem Agenten spricht – ebenfalls zu sehen in ihrer Dokumentation. Hinzu kommt, dass erfolgreiche Models immer für ihre Agenturen und gewisse Fotografen erreichbar sein müssen. Jobanfragen sind zumeist kurzfristig zu besetzen und es wird unverzüglich ein anderes Model angefragt, meldet sich jemand nicht schnell genug zurück.

„Und sehr oft sind verletzliche Mädchen einem sehr feindlichen Umfeld ausgesetzt." SARAH ZIFF zu OE24. Wo es rein oberflächlich betrachtet, zunächst als Traum angesehen wird, mit ihrem Äußeren den Lebensunterhalt zu verdienen. So werden die Betreffenden bei realistischer Betrachtung, nur auf ihr äußeres Erscheinungsbild reduziert und oft als ‚Ware' betrachtet, in Verbindung mit der entsprechenden inhumanen Behandlung. Ständig wechselnde Teams, mit ebenso stetig wechselnden Menschen, die den Modelfrauen körperlich sehr nahe kommen – anziehen, ausziehen, Make-up auflegen, Haare stylen, Körper positi-

onieren. Es sind fremde Menschen, die ihre Hände und Augen überall am Körper der zarten Frauen haben. Zugleich leidet dadurch auch die Privatsphäre, wenn man ständig von Fotografen, Stylisten, Anziehhilfen, allerlei Assistenten oder auch Fans umgeben ist. An Selbstverwirklichung ist nicht zu denken, stattdessen ist Anpassungsgabe gefragt und das nicht nur in Hinsicht auf die Mode, die präsentiert werden soll, sondern auch auf das gesamte Aussehen des Models: *„Die Öffentlichkeit hat ein verzerrtes Bild von der Branche. Jackie hat mir gerade gesagt, dass mein unabhängiger Charakter ein Vorteil für mich ist. Aber ich habe das Gefühl, ich muss mich ständig anpassen, nachgeben, Anweisungen befolgen. Es wird kein eigenständiger Gedanke von mir verlangt. Ich habe kein Mitspracherecht. Ich hatte das Gefühl, ich musste vor Luca (ihr erster Fotograf) kriechen. Das ist das, was ich an diesem Job am schlimmsten finde. Du musst immer vor anderen kriechen"* LINA SCHEYNIUS (2014).

Demütigungen durch Teammitglieder des jeweiligen Jobs sind an der Tagesordnung, und nun braucht man schon ein dickes Fell, gehörig viel Selbstvertrauen, zudem starke Nerven, um solch eine Behandlung abschütteln zu können. *„Nicht nur, dass man gesundheitlich topfit sein muss, auch mentale Stabilität ist Voraussetzung. Das Model wird komplett auf ihr Äußeres reduziert, es ist eine Art Schaufensterpuppe"*, so LOUISA VON MINCKWITZ, Agenturchefin zu n24.

„Wir führen lange Gespräche darüber, wie unglücklich wir sind und dass der Rest der Welt denkt, wir hätten solches Glück." LINA SCHEYNIUS über das Zusammensein mit Modelkolleginnen (2014). Die Problematik der ‚zuvorkommenden' Betreuung durch die oben vorgestellten PR's, die ein Model in der Abendgestaltung des oberflächlichen gesellschaftlichen Umfeldes genießt, mit all den Privilegien, führt laut Aussagen nicht selten dazu, dass sich die jungen Frauen schlussendlich charakterlich verändern. Die Privilegien werden ermöglicht durch PR's oder durch andere Financiers und stehen konträr zu der kühlen Behandlung des Arbeitsumfeldes am Tag. LINA verhielt sich vorsichtig und kritisch diesen Einladungen gegenüber: *„Außerdem sind da diese zwielichtigen Männer, die in der Agentur herumhängen und Small Talk mit mir machen. Sie sind gut gekleidet und attraktiv. Ich habe gehört, dass sie Models in Nachtclubs ausführen und ihnen im VIP-Bereich einen Drink nach dem anderen in die Hand drücken. Jackie sagt, ich soll mich von ihnen fernhalten,*

und das tue ich auch." LINA SCHEYNIUS (2014). Nutzt man dieses Angebot, kann die Bevorzugung nach kurzer Zeit als Selbstverständlichkeit empfunden werden und das ständige Verlangen nach Aufmerksamkeit steigt. Ebenfalls nimmt in diesem Fall oftmals die Apathie zu – eine Teilnahmslosigkeit, mangelnde Erregbarkeit im Alltag. *„Wer mit Ungeheuern kämpft, mag zusehn, dass er nicht dabei zum Ungeheuer wird. Und wenn du lange in einen Abgrund blickst, blickt der Abgrund auch in dich hinein"*, sagte bereits FRIEDRICH NIETZSCHE. Verwunderlich sind derart Entwicklungen nicht, wenn man bedenkt, dass sich Mädchen inmitten ihrer Entwicklung, mit unschuldigen 14/15 Jahren, plötzlich solch einer Welt voll Schmeicheleien, Partys, Sex und Drogen ausgesetzt finden. *„Keiner behandelt dich wie eine Prinzessin. Du wirst ja nicht mal wie ein Mensch behandelt."* LINA SCHEYNIUS (2014).

Die psychischen Konsequenzen der aktiven Berufsausführung eines Models und dem Geschehen drumherum, können mannigfaltig sein, wie man den Berichten entnehmen kann. Leider gehen diese Belastungsfolgen bis hin zu dokumentierten Fällen von Suiziden junger Models. Wie aufgezeigt wurde, sind eine hohe psychische Belastbarkeit, sowie starke Nerven ein Muss. Daher sollte ein Model einen stark ausgeprägten Willen zum Erfolg haben, eine realistische Einstellung zu möglichen Erfolgen und Aussichten in der Branche, Kritikfähigkeit und sie muss in anderen Dingen wie Familie oder Hobbys zurückstecken können.

4.2.3.1 Auswirkungen auf den privaten Bereich

Auf die Frage, was sie während ihrer Zeit als Model am meisten vermisst hätte, antwortete EFFI BERGER: *„Meine Familie und meine Freundinnen, die ich oft monatelang nicht gesehen habe."*

„Fotos, auf denen Models unter Palmen entspannt in die Kamera lächeln, mögen zwar nach Urlaub aussehen, dahinter steckt jedoch harte Arbeit. Man sitzt oftmals schon gegen 4 oder 5 Uhr morgens in der Maske und arbeitet den ganzen Tag in der prallen Sonne. Zurück in Deutschland wurde ich dann oft gefragt: ‚Wie war dein Urlaub?'" EFFI BERGER.

Zwei Tage in Madrid, danach bereits unterwegs zu einem anderen Kontinent. Dieses ständige Reisen erlaubt kaum das Aufbauen von festen Freundschaften und Kontakten. Und auch der übliche Tagesablauf ist dem Kontaktaufbau nicht gerade förderlich: schon früh fit sein für das Styling und die Probeläufe der Shows, dann den ganzen Tag im Stress. Da fallen die jungen Mädchen abends oft ausgelaugt ins Bett. Manche mögen abends feiern gehen, aber finden auch dort eher schnelle, lockere Bekanntschaften. Tagsüber können sie versuchen, Kontakte zu den anderen Models aufzubauen, falls keine zu arge Konkurrenz besteht. Aber da sie nie wissen, wann und ob es ein Wiedersehen geben wird, bleiben diese Verbindungen oft ebenfalls oberflächlicher Natur.

„Bei vielen Produktionen hab ich mir im Kopf Gedichte aufgesagt. So war es einfacher. Manchmal hab ich auch mit allen furchtbar viel geredet. Habe ihnen all meine Geschichten erzählt. Ob die das gut fanden, weiß ich nicht." Das Model, dass dem ‚brandeins' Magazin über ihr damaliges Leben Auskunft gab, berichtete weiterhin davon, dass sie sich alleine aus dem Grund eine Wohnung nahm, wenigstens von Zeit zu Zeit das Gefühl eines Zuhauses zu genießen. Sie erzählte davon, dass ihr die fehlende Nähe oft schwer zu schaffen machte. Besonders belastend war das, wenn sie abends alleine in ihrem Zimmer saß, nach einem Tag voll stressigem Job mit hunderten Menschen um sich.

„Was mich wirklich stört, ist, dass ich das Gefühl habe, ich verpasse meine Jugend. Ständig bin ich unterwegs und kann nie mit meinen Freunden auf Partys gehen. Irgendwie läuft das alles an mir vorbei. Ich bin auch ewig nicht mehr in den Urlaub gefahren. In den Schulferien muss ich immer arbeiten. Manchmal beneide ich meine Freunde ganz schön, dass die so viel Zeit haben." MONIQUE (2000, S. 71).

In Berichten von Newcomer-Models ist ein interessantes Phänomen aufgefallen, was auch ich am eigenen Leib erleben musste – Freunde, die sich von einem abwenden, kurz oder unmittelbar nach dem Berufsantritt. Die Begründungen, ob nun der Tatsache entsprechend oder nicht, sind hauptsächlich negative charakterliche Veränderungen der Modelfreundin. *„Ich finde, du bist so arrogant geworden, ich kann nichts mehr mit dir anfangen!"* ANNA (2000, S. 48). Es ist schwer nachzuvollziehen, ob der bloße Neid aus den Freundinnen und Freunden spricht, bestehende Vorurteile (mit) Schuld sind oder vermehrte Berichte der neuen, spannenden Erlebnisse zu dem Eindruck führen, der Fokus würde nur noch auf Oberflächlichkeiten und Erfolg liegen. Vielleicht ist es auch ein Mix aus allem.

Wenn nun manchen der überdurchschnittlich großen Mädchen mit ihren langen, dürren Beinen und kleiner Oberweite, das erste Mal im Leben gesagt wird, wie besonders und hübsch sie sind, dann ist es von psychologischer Sicht völlig normal, über das neue Lebensgefühl und die Anerkennung in einen zeitweiligen Zustand der Euphorie zu kommen. Dies kann auch wieder schnell einbrechen. Erst einmal bedarf der neue Zustand und auch die Veränderungen des Selbstbewusstseinsschubs, selbstsicherer Freundinnen und Freunde. Es braucht eben solche, die fähig sind, sich über den Erfolg anderer zu freuen, ohne es auf eigene Unzulänglichkeiten zu beziehen. Ähnlich gestaltet es sich mit den Partner/inne/n der Frauen – auch bei ihnen ist ein hohes Selbstbewusstsein von Nöten, mit dem neuen Interesse an der Freundin angemessen umzugehen. Hinzu kommt dann noch die Zeitintensität des Berufes, die oft auf Kosten der gemeinsamen, privaten Zeit geht und Beziehungen zum Scheitern bringen kann. *„Meine ältesten Freunde und ich entfernen uns voneinander. Ich erlebe so viel, was ich nicht erklären kann, und ich kann nicht für sie da sein, wenn bei ihnen wichtige Dinge passieren. Ich bin einsam und fühle mich von allem abgeschnitten."* Model LINA SCHEYNIUS (2014).

In einer derart anstrengenden, unsicheren Branche unterwegs zu sein und das als heranwachsendes Mädchen, ist oftmals nicht leicht. Ein stabiles Umfeld und das Bewusstsein darüber, liebende Freunde und Partner/innen und/oder eine Familie zu Hause zu haben, gibt Stabilität.

„Ich bin traurig, als sie Mailand verlassen. Ich bin es nicht gewohnt, dass man Leute kennenlernt, sich ihnen kurz nahe fühlt und sie dann nie wieder sieht", so LINA SCHEYNIUS (2014). Um Verluste auszugleichen, werden häufig neue Freundschaften zu Kolleginnen, oder seltener männlichen Kollegen, geknüpft. Dies kann für einen gewissen Zeitraum hilfreich sein, auch durch das erhöhte Verständnis auf Basis der gleichen Lebensweise. Doch in den seltensten Fällen sind diese Kontakte von Dauer und gewohnter Intensität der außerberuflichen Freundschaften. In Person sehen sich die Mädchen, die ebenfalls als Model arbeiten, meist nur die wenige Tage, wenn sie in der gleichen Stadt tätig sind. Zudem gleichen sich die oft oberflächlichen Themen der Gespräche, à la ein paar Kilos zu viel, Bezahlungen oder ein neuer Pickel. Es sind eben nicht die üblichen tieferen Problembesprechungen mit den ehemaligen

Bekanntschaften. Solche oberflächlichen Themen unter Models sind aber auch nicht komplett irrelevant, denn es handelt sich gewissermaßen um einen beruflichen Austausch unter Kolleginnen. Niemand sollte aufgrund eines neuen Hobbies oder eines grundsätzlich moralisch vertretbaren Jobs, Ablehnung oder gar schlimmere Diskriminierung erfahren. Nichtsdestotrotz ist es in dieser Branche ratsam, sich und mögliche charakterliche Veränderungen vermehrt zu reflektieren. Es ist im Rahmen des Möglichen, dass den Mädchen neuerdings das eigene Aussehen wichtiger geworden ist, als es zuvor war. Nun muss man sich halt fragen: Will ich das? Bin ich das noch?

Schnelllebig, unkonventionell und ungebunden, wie vieles in der Modeszene, sind auch oft neue partnerschaftliche (sexuelle) Bekanntschaften unter den Models: *Viele Modelmänner wechseln die Modelfrauen wie ihre Unterhosen"*, so das Model KATERINA GOTTESLEBEN. Eine Aussage, die sich durch alle Bücher und Interviews wie ein roter Faden zieht. Affären und sogenannte One Night Stands unter Models finden offenbar frequentativ statt. Viele weibliche Vertreterinnen des Berufes beklagten sich allerdings entnervt über die permanenten Anmachen der männlichen Mannequins, die es scheinbar gewohnt sind, damit zu landen. Diesem genervten Gefühl der Frauen schließe ich mich an.

Die Auswirkungen der Modeltätigkeit auf mein Privatleben

Ich habe in den Jahren des Modelns eher lokal gearbeitet, also ohne groß herumgereist zu sein. Daher waren die Folgen durch Abwesenheit für meine Freunde und Bekannten nicht derart drastisch, wie die der klassischen Laufstegmodels. Der bereits erwähnte Effekt auf den Freundeskreis, den ein Modeleinstieg oft mit sich bringt, nämlich dass sich manche langjährige Vertraute von einem distanzieren oder gar komplett die Freundschaft kündigen, musste hingegen auch ich schmerzlich durchleben. Ein Beispiel dazu: Als ich mich eines Tages in mein Facebookprofil einloggte, bemerkte ich, dass einer meiner engsten, langjährigen Freunde in der Freundschaftsliste fehlte. Ich kontaktierte ihn und fragte nach. Er eröffnete mir daraufhin, dass er nichts mehr mir zu tun haben wolle, da ich mich durch das Modeln so drastisch verändert habe. Ich war schlichtweg entsetzt. Hatte er doch seit Wochen oder Monaten kaum mehr Kontakt zu mir gepflegt (wegen

seiner frischen Beziehung) und konnte daher überhaupt nicht beurteilen, inwiefern ich mich charakterlich unterscheide zu früher. „Das ist
nicht fair! Willst du mich nicht einmal sehen, um wirklich einschätzen
zu können, ob ich jetzt anders bin als zuvor?!" Nein, das wollte er nicht.
Vermutlich war es lediglich eine vorgeschobene Ausrede eines verletz-
ten Mannes, der Jahre nicht bei mir landen konnte und nun zudem in
einer Beziehung mit einer stark eifersüchtigen Person steckte. Sicherlich ergeht es nicht allen in der Modebranche so. Ich komme aus politischen Kreisen und einer Subkultur, in denen mediale Jobs auf mehr
Ablehnung oder zumindest scharfe Kritik stoßen. Dieser Job hat unbe-
streitbar unabsehbare Konsequenzen auf das eigene Umfeld und das
Ansehen im Freundes- und Familienkreis.

4.2.3.2 Selbstvertrauen

*„Nach außen wirkte ich selbstbewusst. Doch in meinem Inneren war ich
oft einsam, durchlitt meine private Hölle."* MARGAUX HEMINGWAY (1996).
Weitläufig werden hübsche Menschen mit mehr Zufriedenheit und
einer Menge anderer positiver Eigenschaften verbunden. So sagt auch
die Attraktivitätsforschung eindeutig, die Natur sei ungerecht: Schöne
Menschen haben gegenüber weniger attraktiven viele Vorteile im Leben. *„Schon hübsche Kinder entwickeln im Laufe ihrer Sozialisation ein
höheres Selbstbewusstsein, da sie von klein auf mehr Zuwendung und
Aufmerksamkeit erfahren. Diese Bevorzugung setzt sich bis ins Erwach-
senalter fort. Schöne Menschen haben nicht nur bessere Chancen beim
anderen Geschlecht, sondern auch größere Erfolge auf dem Arbeitsmarkt.
Sie werden als intelligenter, erfolgreicher, zufriedener, sympathischer, kre-
ativer und fleißiger eingeschätzt. Ein schöner Mensch ist also per se die
personifizierte politische Inkorrektheit"* (Creutz 2006). Allerdings trifft
dieser evolutionäre Fakt und die resultierenden Vorzüge wohl nicht auf
die Behandlung in einem Arbeitsbereich zu, in dem den Menschen ihre
Selbstbestimmung genommen wird und sie zur meinungslosen Deko-
ration degradiert werden.
*„Ich finde es seltsam, dass angenommen wird, Models hätten ein höhe-
res Selbstwertgefühl als andere Mädchen, weil sie als schön oder attraktiv gelten. Mich hat die Arbeit als Model ständig an meine Makel erinnert.
Ich konnte nie dünn genug sein, und dann war ich plötzlich zu dünn. Ich*

konnte nie erfolgreich genug sein, und als ich dann erfolgreich war, reichte das immer noch nicht. Ich war blass, als gebräunt gefragt war; groß, als klein gefragt war; blond, als brünett gefragt war; kurvig, als gertenschlank gefragt war, und dann gertenschlank, als kurvig gefragt war." JENNIFER STRICKLAND (2012, S. 131).

Um einen realistischen Einblick in den Alltag zu bekommen, der den Selbstwert der attraktiven Grazien derart untergräbt, hier ein Einblick in die herkömmlichen Castingabläufe:

„Es sind 100 oder 200, die sich alle für denselben Job bewerben. Wenn man ganz vorne in der Reihe angekommen ist, sitzt da der Auftraggeber hinter einem Tisch. Ich lerne Fotografen, Redakteure und Designer kennen. Sie sind unfreundlich und gelangweilt. Sie mustern mich von oben bis unten, fragen ‚Wie heißt du?', ‚Wie alt bist du?' und ‚Wo kommst du her?', blättern durch mein Portfolio und bedanken sich. Wenn ich Glück habe, soll ich mein Profil zeigen, auf und ab gehen oder ein Outfit anprobieren. Sie sprechen Italienisch miteinander, während ich vor ihnen stehe. Ich verstehe kein Wort, aber einmal hört eines der anderen Mädchen, dass sie sagen, sie sieht aus wie ein Schwein. Ich bin entsetzt, als ich das höre, aber sie winkt einfach nur ab. Ich brauche eine Stunde für den Weg, warte eine Stunde in der Schlange und stehe eine Minute vor dem Kunden, dann muss ich schnell zum nächsten Casting. Ich habe fünf, sechs, sieben Castings am Tag. Niemand hilft mir, die Adressen zu finden. Die Agentur gibt mir nur die Anschrift und sagt, ich soll mir eine U-Bahn-Karte besorgen" LINA SCHEYNIUS (2014).

Ein weiterer Bericht: *„Da stand ich dann im unvorteilhaftesten Kleidungsstück der Welt (einem kleinen hautfarbenen Body) unter hartem Scheinwerferlicht, in dem jede Delle doppelt so groß wirkt, und versuchte, dem Maestro, der in der ersten Reihe thronte, ein schönes Lächeln zu schenken. Lieber hätte ich ihn gefragt, welchen Sinn diese erniedrigende Vorführung haben sollte. Egal, immer hübsch lächeln, ist gleich vorbei!"* EVA PADBERG (2011).

In der Regel erscheinen Models zu Castings in legerer Alltagsmontur (= nicht zu weit im Schnitt und keinen ausgefallen Stil), ein zurückhaltendes Make-up aufgelegt, in Verbindung mit einem dezenten Styling. Die Geschäftsleitung der führenden Modefirmen oder deren Vertraute lassen die Mädchen oftmals stundenlang warten. Bis es endlich los geht, sammelt sich in den Warteräumen geballt die angespannte Konkurrenz und es gibt genug Zeit, sich abzuscannen und zu vergleichen. Damit die Modemacher dann auch wirklich alles sehen, müssen die Bewerberinnen nicht selten nur mit eng anliegenden Ganzkörperanzügen, kleinen Bodys oder in Unterwäsche bekleidet, über den provisorisch eingerichteten Laufsteg gehen.

Die Designer sitzen am Ende des Laufsteges und zeigen mit dem Finger und einem abschätzigem Blick separat auf die Mädchen: „Nein! Nein! Nein!" Vereinzelt vernimmt man ein kühles, kurzgehaltenes: „Ok, du gehst rüber." Diese Auserwählte ist nun entweder gebucht oder zumindest eine Auswahlrunde weiter und darf dann vielleicht ein hauseigenes, designtes Kleidungsstück vorführen. Oder sie wird wiederholt zum Vergleich mit den Anderen in eine Reihe gestellt oder nochmals zum Laufen auf den Laufsteg geschickt. Anschließend ist man möglicherweise gebucht für den begehrten Laufstegjob. Es herrscht insgesamt ein harscher Ton: *„Es ist bei Castings nicht gängig, sich mit den Models zu unterhalten. Interessant ist nur der Körper, nicht die Person. Ich gewöhnte mich schnell daran, dass nicht mit mir, sondern über mich geredet wurde. Mir wäre es ja peinlich, über jemanden zu sprechen, der direkt vor mir steht. Von Fotoassistenten bis zu den Designern hatte aber sonst niemand ein Problem damit. Mein Hüftumfang, meine Haut, meine Haare wurden diskutiert, als sei ich gar nicht da. Auch wenn ich die Sprache nicht immer verstand, war deutlich, worum es ging. Ich trainierte mir an, dass es mir gleichgültig war, nicht als Mensch wahrgenommen zu werden."* Eva Padberg (2011).

Man versucht sich gar nicht erst in Freundlichkeiten. *„Auf den Schauen wird wahnsinnig viel geschrien. In der Branche wird überhaupt sehr viel geschrien, weil so wenig gedacht wird"*, so Model Kerstin anklagend (2000). Bei dem Schwall an Mädchen, die ständig nachkommen, verschwimmen vermutlich die Gesichter in den Augen der Showverantwortlichen irgendwann und sie nehmen kein fühlendes Individuum mehr wahr, sondern lediglich ausschlaggebende Maße und andere Auswahlkriterien. Die Designer erwirken sich durch ein solches Auftreten auch ein cooleres und unnahbares Image und ‚Image ist schließlich alles'. Sie haben die Macht über die Karrieren und die finanzielle Sicherheit der Modelanwärterinnen in ihrer Hand und zelebrieren diese offen, manchmal eben bis hin zur Demütigung der Frauen. Die Geschichte zeigte ja schon wiederholt: Macht bringt oft auch schlechte Charakterzüge hervor. Die Art und Größe der Modemarke bestimmt den Grad der Arroganz, sagen Branchenkenner. Auf der anderen Seite versuchen die verunsicherten jungen Frauen den zweifelhaften, paradoxen Anforderungen der Schönheit und sexueller Attraktivität zu entsprechen. Ein Diktat, welches auch ihnen nur auferlegt wird und sich auf allen Werbeplakaten und Zeitungen durch Kolleginnen so perfekt zeigt. Ihr Fokus liegt fortan auf der Gestaltung ihres eigenen Körpers nach Wünschen und Vorgaben von außen. *„Ein bekanntes Model kann seine Persönlichkeit in die Arbeit einbringen, am Anfang interessiert es aber kaum jemanden, was man zu sagen hat. Eher wird ein anderes Model genommen, das die Klappe hält und in den Kleidern gut aussieht"*, so EVA PADBERG (2011).

Eine eigene Meinung zu haben, wird ihnen bereits zum Berufseinstieg abgesprochen. Moral und menschliche Umgangsformen finden in der Wirtschaft nur Platz, wenn sie dem Umsatz nicht im Wege stehen. Die Konsequenzen dieser entwürdigenden Behandlung und des Erfolgsdrucks können in verschiedenen psychischen Erkrankungen, wie beispielsweise in Essstörungen, Angststörungen und Depression, gipfeln. *„Mein ganzes Leben lang war ich unzufrieden mit meinem Körper, weil ich zu dünn bin. Wenn ich meine Arme jetzt ansehe, komme ich mir dick vor. Ich weiß, ich muss raus aus dieser Branche, wenn ich nicht will, dass es noch schlimmer wird."* LINA SCHEYNIUS (2014).

Mein Selbstvertrauen während der Modelkarriere

Im Vorfeld der aktiven Vollzeit-Berufsausübung bewunderte ich die Stärke und das Selbstvertrauen im Auftreten der alternativen Models, die ich damals als Vorbilder empfand (nur die Profession betreffend). Doch je mehr ich in die Tiefen der Branche eindrang und desto mehr Frauen ich auch privat kennenlernte, bröckelte die Fassade der Schönheiten. Ich verstand lange Zeit nicht, warum die gefeierten Grazien der Neuzeit derart stark mit sich selbst zu kämpfen hatten und sich durchweg mit der Meinung anderer befassten. Warum sie sich stetig verglichen. Ein Beispiel dazu: Eine Frau, die zu den bekanntesten ‚Tattoomodels' Deutschlands zählt, übernachtete bei mir, als sie beruflich in der Stadt war. Es handelte sich um mein erstes persönliches Treffen mit ihr.

Sie hat wohlbemerkt mehrere hunderttausend Fans auf Facebook und Instagram!!! Täglich wird ihr schmeichelnde, begehrende Aufmerksamkeit zuteil, von der viele, zumindest in dem Maß, nicht zu träumen wagen. Als ich sie beiläufig fragte, ob sie sich im Streit befindet mit einem anderen Model, erlitt sie unverzüglich einen schrecklichen Nervenzusammenbruch. Stundenlang weinte sie über die mögliche Ablehnung dieser anderen Frau. Ich war komplett überfordert mit dieser unerwarteten Situation. Aber es ging noch weiter: Sie zeigte sich nie ohne ein aufwändiges, perfektes Styling (selbst wenn sie zu Shootings ging, bei denen eine professionelle Visagistin gebucht war), zeigte Zeichen einer schweren Essstörung und war die Frau mit dem geringsten Selbstwertgefühl, der ich je begegnete. Fortan befasste ich mich vermehrt mit Beobachtungen der Frauen. Bei sehr vielen Models nahm ich Unsicherheiten wahr und beobachtete, wie sie sich daraufhin in Feindseligkeit und Konkurrenzgebaren flüchteten. Andere waren kaum wahrnehmbar, da sie sich so dermaßen klein machten in ihrem Auftreten hinter den Kulissen. Manche inszenierten eine Präsentation von übermäßiger Selbstsicherheit − eine anstrengende Show für Schauspieler und Publikum. Erhöhte Verletzlichkeit/Sensibilität, Narzissmus, Unsicherheit, bipolare und depressive Anzeichen − all das fand ich zuhauf bei meinen Observationen. Meine ganz persönliche These dazu ist, dass all die Aufmerksamkeit eher Erwartungsdruck auf die eigene Psyche ausübt, statt sie zu bestärken.

Ich persönlich versuchte mich weitestgehend frei zu machen von all dem Druck von außen. Nahm mir vor, mir treu zu bleiben und mich nicht beeinflussen zu lassen. Aber das ist Utopie. Man wird unentwegt geformt von den Massen, die einen hochheben oder fallenlassen. Die Anzahl der Kommentare und ‚Likes‘ unter einem Bild, die

Eines der ‚Selfies‘, welches ich in der Vergangenheit hochlud.

Likes deines Facebookprofiles – sie ‚machen dich in dieser Welt zu Jemandem' oder eben nicht. Natürlich prüft man, wie gut ein ‚Selfie' (ein fotografiertes Selbstbildnis) heute ankommt oder wie viele neue Likes der jeweiligen Seite man schon generieren konnte durch das frisch geladene Bild. Es ist eine Art Spiel. ‚Mensch ärgere dich nicht' im realen Leben und doch ärgert man sich jedes Mal. Wie in einer Spirale, in der man gefangen ist, kann man sich kaum frei machen von deren Einfluss auf Selbstwahrnehmung und Selbstwertgefühl. Das Model, das komplett autark von der Auffassung der Fans und Designer, von Fotografen und Agentur, ihren Weg geht, ist mir bisher nicht begegnet. Nun stellt sich mir die Frage, ob ein Individuum dazu fähig ist, unabhängig von der Integration in deren/dessen jeweiliges (berufliches) Umfeld leben kann und möchte. Jeder Mensch strebt nach Anerkennung und Akzeptanz der jeweiligen Peer Group, Familie, Freunde sowie der wichtigen Arbeitsstelle. Nur zeigen Erfahrungsberichte, in Verbindung mit meinen eigens gemachten Erfahrungen, dass bestimmte Berufsfelder, wie die des Models, den Aufbau eines gesunden Selbstbildes stören oder sogar drastisch behindern. Man kann nur hoffen, dass Einsteiger mit den Einflüssen umgehen lernen und ein sensibles, unterstützendes soziales Umfeld besteht, dass die Mädchen, wenn nötig, auffängt.

Ich selbst war nie sonderlich selbstbewusst. Ich bin tatsächlich eher etwas zu selbstkritisch und reflektiere zu viel. Daran hat sich durch das Modeln kaum etwas verändert. Vielmehr habe ich eine verzerrte Selbstwahrnehmung entwickelt, dadurch dass ich komplett trenne zwischen dem tatsächlichen mir selbst und der Person, die ich auf meinen Bildern wahrnehme. Und damit beziehe ich mich nicht nur auf inszenierte Shootingbilder, sondern auch auf die selbst produzierten ‚Selfies'. Das klingt verwirrend. Ist es wohl auch. Nun kann ich es nicht besser umschreiben als in dieser Form. Manchmal finde ich die Frau auf meinen Bildern recht hübsch, mich selbst denselben Tag hingegen nur akzeptabel. Dazu passende Worte von EVA PADBERG: *„Das Selbstbewusstsein, trotz allem weiterzumachen, hatte nichts mit meinem Aussehen zu tun. Ob ich mich schön finde, ist nicht entscheidend (wen's interessiert: gelegentlich. Mit Make-up, in einem tollen Kleid, gut fotografiert oder nach zwei Wochen Strandurlaub). Ich wurde Model, weil eine Agentin etwas in mir sah, [...]. Was mir Selbstbewusstsein gegeben hat, sind: mein Mann,* *meine Familie, meine Freunde. Die Menschen, die mir nah sind und mit denen ich mehr teile als für drei Wochen im Jahr die gleiche Stadt. Sie haben mir die Sicherheit gegeben, rauszugehen und zu versuchen, andere von mir zu überzeugen. Und die Gelassenheit, es nicht schwer zu nehmen, wenn das mal nicht funktionierte."*

4.2.3.3 Konkurrenzkampf und Mobbing

„Etwas Unschönes ist passiert. Ein Mädchen, das in seine Handtasche gegriffen hat, um ihr Mobiltelefon herauszuholen und abzugeben, hat sich fürchterlich geschnitten. Irgendjemand hat ihr Glasscherben in die Tasche gekippt. Die Aufnahmeleiterin hat die Erste Hilfe geholt." BARBARA BONGARTZ (2010, S. 48).

So passiert bei einem Fernseh-Modelcasting. Später in dem selben Format wurde einem Mädchen vor dem Catwalk-Lauf rote Farbe auf ihrem weißen Kleid unterhalb des Pos aufgetragen. Sie bekam es nicht mit und sah demnach bei ihrem Auftritt so aus, als hätte sie ihre Periode und damit auch das Kleid versaut. Manchen scheint jedes Mittel recht, um die Anderen hinter sich zu lassen. Im Ausland wohnen die Mädchen meist in Model-Appartments, die oftmals nicht sonderlich luxuriös sind, gelinde gesagt. Sie werden mit vielen Mädchen aus verschiedensten Ländern in kleine Zimmer gequetscht. Auch wenn es auch positive Effekte haben kann, Gleichgesinnte mit derselben Erlebniswelt um sich zu haben, gestaltet sich das Zusammenleben überdies oft belastend: Missverständnisse und erschwerte Annäherungen durch Sprachbarrieren, etliche berichtete Diebstähle (Essen, Kosmetik, bis hin zu Parfüm und Bekleidung) unter den Kolleginnen oder eben direktes, offenes Konkurrenzgebaren.

„Geschlagene zwei Stunden später war ich zumindest auf der richtigen Straße. Wie soll ich es sagen? Ich war auf den üblichen Anfängerfehler hereingefallen: Erkundigst du dich unterwegs bei anderen Models nach einer Castingadresse, kannst du Gift darauf nehmen, dass deine hinterhältigen Konkurrentinnen dich in die falsche Richtung schicken!" EFFIE BERGER (2009, S. 21).

Sogar gegenseitiger Boykott kann ihnen also widerfahren. Vielleicht erklärt das auch jene Studienergebnisse, die belegen, dass Models nach einiger Zeit der Berufsausübung misstrauischer werden gegenüber anderen Menschen. Es muss nicht so ablaufen. Viele Models freunden sich untereinander an und helfen sich im Alltag. Aber es gibt einfach sehr viele schöne Gesichter in der Modelwelt. Jeder Modeljob ist hart umkämpft und daher herrscht ein wahnsinniger Konkurrenzdruck. Ganz normal sind daher wohl das kritische Betrachten der anderen vorsprechenden Mädchen bei Castings und das Abschätzen der Konkurrenz. Doch schnell kommt giftiger Neid auf, wenn man selbst wochen- oder monatelang ohne Buchung von Casting zu Casting rennt, während die Konkurrenz Jobs abgreift. Inwiefern man solche Negativität in sich selbst aufkommen lässt, liegt in der eigenen Verantwortung und somit auch die Verbitterung, die dadurch resultiert. *„Die Bosheit trinkt die Hälfte ihres eigenen Giftes."* Lucius Annaeus Seneca (Philosoph, 4 v. u. Z. bis 65).

4.2.3.4 *Essstörungen*

„Ich wollte essen. Aber ich wollte auch in der Vogue sein." Crystal Renn (2009; Buchuntertitel). *„Gerade zielstrebige, ehrgeizige und erfolgreiche Mädchen oder junge Frauen gehören zur Magersucht-Risikogruppe"*, besagt ein Bericht des Magazins ‚Die ZEIT'. Zudem erklären sie zur Krankheit und deren Umstände: *„Offenbar spielen das Umfeld, gesellschaftliche Faktoren und die Gene eine Rolle."*

„Viele junge Frauen, die in die Magersucht hineinschlittern, haben schon als Mädchen gelernt, Probleme im Leben einfach wegzuschuften. Angepasst, diszipliniert, fleißig und unkompliziert beeindrucken diese jungen Frauen Außenstehende. Meist sind sie beliebt, bekommen viel Lob, sind in der Schule, im Studium oder im Job erfolgreich. Doch mit der Zeit kann so ein Perfektionismus ein regelrechtes Eigenleben entwickeln. Plötzlich wird alles im Alltag kontrolliert, gesteuert, geplant. Auch das, was die Betroffenen essen, wie viel Kalorien sie verbrennen, wie viel Sport sie treiben." Julia Völker (2013). Das durchschnittliche Model von heute kommt oftmals aus Osteuropa. Sie ist fast noch ein Kind, wuchs jeher mit einer lokalen Begrenztheit der Verdienst- und Karrieremöglichkeiten auf und würde so gut wie alles machen, um nicht wieder zurück in die verarmte, öde Heimat zu müssen. Ihre Schönheit ist ‚entdeckt worden' und sie hat ihr die Türen zur großen, weiten Welt geöffnet. Nun will die schöne Kind-Frau im reichen Westen bleiben – das mit

allen Mitteln, auch solche die gesundheitsschädigend sind. So zeichnet sich oft schnell jede einzelne der Rippen ab unter der blassen Haut der jungen Schulabbrecherin. Ihre Knie, Beckenknochen, Ellenbogen und Schlüsselbeine treten spitz hervor. Ihre Wangen sind bereits eingefallen und trotzdem hängt ihr Traum von einem besseren Leben an dem Verlieren weiterer Kilos des so vermeintlich unerträglichen Körperspecks. Es gilt heutzutage nicht mehr ‚klassisch attraktiv' zu sein. Vielmehr ist Androgynität wichtig – also bloß keine Brüste, keinen Po, keine richtige Taille. Nur Haut und Knochen – so ist das perfekte Model. Also gilt: bloß alles weghungern und abtrainieren, was entfernt noch an ein erwachsenes, weibliches Geschlecht erinnern könnte. Doch dann stellt sich die Pubertät ein – ein Model, das mit 14 noch keinen Busen und keine Hüfte hat, muss sich ein paar Jahre später für das Beibehalten einer solchen Figur gewaltig anstrengen. Vielleicht wird sie dafür sogar zu extremen Maßnahmen greifen, um weiterhin dem Ideal zu entsprechen. Insbesondere lastet dieser Druck auf den Mädchen, die für den Laufsteg engagiert werden. Die Katalogshootings hingegen gelten als ‚figurfreundlicher'. Auch dort warten zufriedenstellende Verdienstmöglichkeiten. Für viele der Mädchen fühlt sich ein Abschied von den Laufstegen allerdings wie ein sozialer Rückschritt an. Die nackte Angst vor der Verarmung stellt sich schnell wieder ein und sie versuchen alles Menschenmögliche zu tun, um den erreichten Wohlstand beizubehalten. Einige senden regelmäßig Geldmittel und Publikationen in die Heimat zu den Verwandten. Manche berichteten, dass ihre Mütter mitunter weinten, wenn sie die Fotos der eigenen Tochter sahen – nicht aus Stolz, sondern aus purer Schwermut über den Anblick des abgemagerten Kindes.

„Sie waren sehr jung, viele von ihnen waren sehr einsam, weit weg von zu Hause und ihren Lieben. [...] Viele stammten aus ärmlichen Verhältnissen und unterstützten ihre Familien. Sie ließen ihre Kindheit mit den Träumen von einem besseren Leben zurück, und für die meisten von ihnen gab es nichts, das sie nicht dafür getan hätten, diese Träume wahr werden zu lassen." Topmodel NATALJA WODJANOWA bei einer Veranstaltung des ‚Council of Fashion Designers of America' im Jahr 2007. Sie selbst stammt aus einer ärmlichen Gegend Russlands, in der die Mutter einen Obststand besaß und eine ihrer Schwestern an Kinderlähmung leidet.

Sie weiß also wohl, wovon sie redet, wenn sie die Sorgen der betroffenen Osteuropäerinnen beschreibt.

„Und so begann ich meine erste Diät, in dem verzweifelten Wunsch, damit erfolgreich zu sein und das ganze hinter mich zu bringen. In den folgenden fünf Tagen nahm ich insgesamt 2 000 Kalorien zu mir und nahm 2 Kilo ab. Dank meiner Selbstdisziplin und Entschlossenheit war ich erfolgreich. Wenn ich das geschafft hatte, konnte ich alles erreichen, so glaubte ich. Ich war stolz auf mich, und meine Mutter war es ebenfalls. Voller Zuversicht, vielleicht sogar ein bisschen aufgeregt, fuhren wir zur Modenschau nach Melbourne. Ich war bereit. Ich war zwölf Jahre alt und hatte eine Karriere vor mir." PORTIA DE ROSI (2011, S. 62).

Der Druck auf die jungen Heranwachsenden, Erfolg zu haben, ist derart groß, sei es aufgrund eines Schulabbruchs und fehlender Perspektiven, aus Geldnot oder aufgrund der Erwartungshaltung der leidenden Familie sowie anderen Gründen. Dabei sind sie oft erst Teenager, wenn sie in die Arbeit einsteigen. Sind in dem Alter fast noch Kinder, die plötzlich so viel Verantwortung auf ihren Schultern tragen. Und so finden sie sich schlussendlich Backstage wieder bei einer Show und es wird in ihrem Beisein harte Kritik an ihrem Aussehen geübt, als könnten sie es nicht hören. *„Was die Kunden zu sehen erwarteten, unterschied sich von der Person, die ich tatsächlich war. Die Kunden wollten eine selbstbewusste, junge Frau, die von Natur aus dünn und schön war und sich in ihrer Haut pudelwohl fühlte. In Wirklichkeit war ich ein durchschnittlich aussehendes Kind kurz vor der Pubertät, die mit Akne und Gewichtszunahme drohte und mich als jene Hochstaplerin entlarven würde, die ich war. Also steckte ich mir den Finger in den Hals."* PORTIA DE ROSI (2011, S. 55).

Wenn die Laufstege zu den Fashionwochen aufgebaut werden, die Models bei den Castings Schlange stehen, beginnen auch wieder die regelmäßigen Berichte und Diskussionen über Magermodels und Essstörungen in der Branche. Viele Designer zeigen sich genervt von dieser Thematik. Sie sind schließlich Künstler und wollen sich nicht in ihre Visionen reinreden, oder gar etwas vorschreiben lassen. Ihrem Ästhetikempfinden nach sieht die Kleidung besser aus an knabenhaft schmalen Frauenkörpern und so schneidern sie Einheitsgrößen ihrer Mode, die bei Laufstegstücken oft im Bereich von ‚Size Zero' liegen. Die (übersetzte) Bezeichnung ‚Größe Null' ist dabei selbsterklärend. Sie wollen ihre Kleidungsstücke exklusiv an mageren Schönheiten und an ebenso schmalen, reichen Kundinnen sehen. Dabei passen sie selbst meist nicht in ihre Kleider und kaum denkbar, sie würden anfangen Mode für Frauen ihrer eigenen Statur zu machen!

Bei den Magersuchtdiskussionen wird unentwegt über die Models geredet, aber diesbezüglich finden sich kaum Aussagen der Betroffenen selbst. Sie wagen es möglicherweise nicht, sich zu äußern. Damit letztlich das Business zu beschuldigen, um dann am Ende noch als schwierig zu gelten. Dieser Ruf verhindert nämlich Buchungen. Man beißt schließlich nicht die Hand, die einen füttert! Auf das Thema Magersucht angesprochen, erstarren sie und verweisen auf andere Mädchen: Irgendwer anderes, irgendein unbedeutendes Mädchen, irgendwo in der Modelwelt da draußen, hat womöglich Schwierigkeiten mit dem Essen. Sie selbst haben natürlich kein Problem und finden das ganze Spektakel darum übertrieben. Und so packen die Models oft erst aus, wenn sie mit dem Job abschließen und sich rückblickend die Erfahrungen von der Seele reden wollen.

Nicht jedes Model ist tatsächlich an einer Essstörung erkrankt. Und der Umgang in den Medien mit den jungen, zarten Mädchen gestaltet sich durchaus heikel. Keinesfalls sollte jedes magere Mädchen sofort unter Generalverdacht einer Essstörung gestellt werden. Die Branchengröße KIRSTIE CLEMENTS (25 Jahre leitende Moderedakteurin) mutmaßte jedoch, dass *„kein einziges Model so viel isst, wie sie gerne würde"*. Model MONIQUE (2000, Seite 70) unterstützte diese These: *„Wenn ich nicht Model wäre, dann wäre ich gern etwas fülliger. So mager mag ich mich eigentlich gar nicht."*

LOUISA VON MINCKWITZ, Chefin der Agentur ‚Louisa Models', sagte gegenüber der ‚B. Z.': *„Standard für High Fashion sind, wie bei Julia Stegner, 48 Kilo auf 1,80 Meter. Aber auch die Proportionen müssen stimmen."* STEGNERS Maße sind: 84-61-89, Konfektionsgröße 34. Die dank der Maße und natürlich aufgrund ihres Aussehen in Berlin, Mailand, Paris über die Runways auf und abgehen darf. INGO NOLDEN (Managing Director der Hamburger Agentur ‚Iconic Management') bestätigte die Aussagen der Konkurrenz in einem Interview mit der deutschen ‚VOGUE' am 16. Oktober 2013: *„Die Mädchen oder jungen Frauen sollten zwischen 14* *und 23 Jahre alt sein, eher schlank gebaut, die Maße 86-60-89 sind ideal, aber bis zu 91-65-93 ist noch okay für kommerziellere Jobs. Die Größe sollte sich zwischen 1,74m und 1,82m bewegen."*

Passen die Models in das Schema und treffen den aktuellen Geschmack der Design-Künstler, werden sie vielleicht bei einem Casting ausgewählt und für den Job gebucht. Aber auch die Buchung ist nie eine 100 %-ige Sicherheit für den Job, denn auch danach können vermeintliche ‚Fehler‘, also Abweichungen entgegen des antrainierten Essverhaltens, noch Konsequenzen haben:

„Sanft zog er am Stoff meines Rocks, sodass er am Saum gerader fiel. Plötzlich erinnerte ich mich an Mamas selbst gekochtes Essen. ‚Iss, iss, iss! Du bist zu dünn!‘, hatte sie gesagt, als ich zuhause war, und mir einen Teller mit Hühnchen, Kartoffeln und Gemüse gereicht. Ich sah das Weihnachtsessen vor mir, als ich das erste Mal seit Monaten herzhaft zugelangt hatte. Nun hatte ich etwa vier Pfund zugenommen. Zwei Kilo. Die Kleider müssen nicht mehr genauso an mir gehangen haben wie zuvor. Dann, mit einem kurzen Wink, stieg der Designer von der Bühne und redete mit der Stylistin. Sie kam zu mir, nahm mich bei der Hand und führte mich höflich von der Bühne. Sie brachte mich in den Umkleideraum, entkleidete mich und ging fort. Da stand ich nun zitternd in meiner Unterwäsche, fühlte mich von dem gruftartigen Ankleideraum verschluckt und wartete darauf, dass man mir sagte, was ich als nächstes tun solle. Es war mir so peinlich. Ich wusste nicht, ob sie ein anderes Outfit anprobieren oder mich nach Hause schicken wollten. Schließlich schickte Matteo jemanden, um mir zu sagen, dass ich für heute fertig sei. Als ich in meine Agentur kam, erfuhr ich, dass ich nicht nur alle Armani-Jobs, sondern sämtliche Jobs verloren hatte. Mein Terminplaner war mysteriöserweise leer. Wenn Armani mich nicht wollte, dann wollte mich niemand. Ich war für sie nicht mehr perfekt. Ich war nicht mehr gefragt. Die Booker sahen mich nicht einmal mehr an. Natürlich ist das ganz normal in dieser Branche." Jennifer Strickland (2012, S. 131).

Als sie bei einem Shooting erschien, für das sie kurz vorher gecasted und gebucht wurde, erlebte ein anderes Model diesen Horror: *„Ich war beim Casting gewesen, und sie hatten mich prima und mein Gewicht in Ordnung gefunden, aber als ich vier Tage später ankam, flippte der Fotograf aus. Er schrie den Producer an und zeigte auf mich: ‚Die kann*

ich nicht gebrauchen. Sie ist massig!' Der Producer kam zu mir rüberstol-
ziert. ,Wie fett bist du?', fragte er. ,Und warum hat mir die Agentur eine
geschickt, die nur 1,65 Meter groß ist?' Ich bin 1,75 Meter. [...] Glaubte der
Producer wirklich, ich sei nur 1,65 Meter? Oder wollte er bloß möglichst
verletzend sein, in dem er mir haufenweise Beleidigungen an den Kopf
warf? Während ich das ,zu kurz geraten' noch abschütteln konnte, war
das mit dem ,fett' nicht zu leugnen. In meinem Gewerbe war ich fett. Ich
hatte wahrscheinlich Größe 34. [...] Aber die Kleider passten! Ich hatte
sie erst ein paar Tage vorher anprobiert! Das waren Aufnahmen für ei-
nen Katalog. [...] Das war kein Kunde, der generell Magerkeit verlangte.
Ich stammelte: ,Auf dem Casting habe ich euch gefallen, und das ist erst
vier Tage her!' Der Producer schnappte zurück: ,Hast du in vier Tagen 20
Pfund zugenommen?' Ich war sprachlos. Der Producer zückte theatralisch
sein Handy, klappte es auf und rief die Agentur an. Er stand wenige Zen-
timeter von mir entfernt und schrie: ,Warum schickt ihr mir ein Mädchen,
das so hoch wie breit ist?' Ich stand daneben, während der Producer sein
Telefon ans Ohr hielt und mich böse anstarrte. ,Gut', sagte er und klapp-
te das Handy zu. Er machte auf dem Absatz kehrt und lies mich schwer
schluckend stehen. Ohne ein weiteres Wort an mich arbeitete er mit den
anderen Models und der Stylistin weiter. Was sollte ich jetzt tun? Inner-
halb von Minuten erschien der Casting-Chef. (Er war derjenige, der mich
ursprünglich gemeinsam mit dem Producer für das Shooting ausgewählt
hatte.) Er kam zu mir, sah mich kaum an und sagte brüsk: ,Du musst ge-
hen!' Das war das Schlimmste, was mir je passiert war. Aber ich fasste
mich. Ich ging hinüber zum Catering-Tisch, wobei ich alle Blicke auf mir
spürte. Ich aß fünf Teller Mini-Burritos mit Käse. (Und ich habe eine Lak-
tose-Intoleranz.) Ich aß Guacamole. Ich aß alles. Ich aß, bis ich das Gefühl
hatte, ich müsste mich übergeben. Ich war völlig neben mir. Aber mein
Gesicht verriet nichts. Ich stellte den Teller ab, ging zum Casting-Chef,
sagte: ,Danke für das Essen' und ging." CRYSTAL RENN (2009).

Methoden zum Schlankwerden und -bleiben

„Es fängt an bei, ,ich mache meinen Teller ganz voll, esse ein Drittel, frag
dann alle nochmal, ob sie probieren möchten, und schmeiße das letzte
Viertel weg und sage, ich habe ne ganz große Portion selbst gegessen'.
So, dass es niemandem auffällt. Vom Sushi nur den Fisch essen und den

Reis liegenlassen, Pillen nehmen, dass das Ganze schnell wieder rauskommt, es gibt alles!" NEELE HEHEMANN (2011).

Die wenigsten Models haben das zweifelhafte Glück, durch Gene die perfekten Modelmaße zu besitzen. Es gehört Arbeit und Disziplin dazu, bis hin zu teilweise grauenhaften Methoden. Ein Model beschrieb ihren Lebensstil in der gefragtesten Zeit ihrer Karriere so: *„Ich persönlich habe gehungert, um bei den Modenschauen mitlaufen zu dürfen. Wochenlang habe ich Reis, Karotten und Birnen gegessen. Ich ließ das Abendessen ausfallen, dann das Frühstück und manchmal auch das Mittagessen. Ich wagte es nicht mehr, mir einen Cappuccino, ein Stück Käse oder ein Croissant zu gönnen. Und ich weigerte mich strikt, Milch zu trinken oder Schokolade, Fleisch oder Pasta zu essen. Ich aß ‚wie ein Spatz', wie Marcello, mein Agent, zu sagen pflegte – und er meinte das als Kompliment!"* Hunger verdrängte sie schlichtweg mit Sport wie Schwimmen, Jogging oder wahlweise Sit-ups zu Hause. Sie begann sich vor Lebensmitteln, die Fette enthielten, *„zu fürchten"*. Kohlenhydrate waren *„etwas Böses"*, wie sie es audrückte. Sie vermisste die Lebensmittel ihrer Kindheit, *„Doch nun war ich in der Welt der Erwachsenen und in dieser Welt „musste man" dünn sein. Dünn hieß selbstbeherrscht. Dünn hieß akzeptiert. Dünn hieß schön und schön heiß geliebt."*

Sport um Hunger verdrängen, ist bereits im Bereich der krankhaften Selbstkontrolle zu verorten. Sport zum Abnehmen scheint allerdings zunächst keine schlechte Idee. Denn zumindest im normalen Maß ist es eine der gesünderen Methoden. Und so schicken die Agenturen ihre Mädchen zum Abnehmen in Fitnessstudios oder stellen ihnen einen Personal Trainer. Vorausgesetzt sie sind es ihnen wert und nicht ohne weiteres ersetzbar. Eine Schilderung zu derart Bevormundungen durch Agenturvertreter: *„Ich wusste von einem anderen Mädchen, dass sie im Sportstudio zweimal täglich mit ihrer Unterschrift ihre Anwesenheit nachweisen musste. Wieder andere Mädchen wurden mit der Anweisung, Gewicht zu verlieren, in Spas geschickt. Ein Mädchen mit der Größe 34 oder 36 wurde in eine dieser Flüssig-Diät-Abnehm-Programme in einer medizinischen Klinik gesteckt. Die Klinik wollte sie nicht aufnehmen [...] Ein paar Wochen später wurde sie nach Hause geschickt. [...] Ich hoffte immer noch, ich könnte mein Gewicht abtrainieren. Ich trainierte während der Woche drei Stunden täglich und acht Stunden am Wochenende,* *immer noch zwischen zwei Sportstudios pendelnd, damit niemand auf die Idee käme, ich sein eine verrückte, ausgeflippte Sportsüchtige. Die Agentin schlug weiter den Dauertakt: Nimm ab, nimm ab, nimm ab!"* CRYSTAL RENN (2009).

Zweifelhafte einseitige Diäten werden durchgeführt, ganz nach dem Motto von Topmodel KATE MOSS: *„Nothing tastes as good as skinny feels."*, was übersetzt heißt: ‚Nichts kann so gut schmecken, wie es sich anfühlt dünn/mager zu sein.' Zu dem wenigen Essen von teilweise empfohlenen, lächerlichen 500 Kalorien am Tag, werden also Entschlackungskuren, Fastenprogramme und Ähnliches durchgeführt. Beispiele dafür finden sich zuhauf: Salatsuppen-Diät, eine Zitronensaft-Diät, oder, oder ...

„Meine Mitbewohnerin kam nach Mailand und hat gesehen, dass die alle dünner waren als sie, und sich dann nur noch von Suppenbrühe ernährt. Sie hat dann viele Kilos abgenommen und war total abgemagert und hat dann nicht mehr gearbeitet und sich gedacht, ‚ich arbeite nicht, also muss ich noch mehr abnehmen'." NEELE HEHEMANN (2011).

Designerin JACKIE CHRISTIE berichtet im Interview mit Fox News: *„Ich habe sogar von Models gehört, die einen ganzen Monat vor einer Show fasten und drei Mal am Tag Sport machen. Das ist verrückt."* Aber derart befremdliche Methoden, die beobachtet oder selbst erlebt wurden, sind in dieser Welt übliche Praxis. Als besonders seltsam empfand ich, was ich in einem weiteren Erlebnisbericht las. Hier befahl ein Agent seinem Schützling, auf einen ‚Ketostix' – einem Keton-Teststäbchen zu urinieren. Dies wurde von ihr verlangt, um nachzuweisen, dass sie die angeordnete Atkins-Diät auch ordnungsgemäß durchführt. Diese Diät beinhaltet die Reduktion von Kohlehydraten bei der Nahrungsaufnahme, die laut Vertretern der Methode den Körper dann zum Fettverbrennungsmodus umschalten lässt. Die frei verkäuflichen Teststäbchen (z. B. in der Apotheke) zeigen die Ketonkörper im Urin an und somit, ob man sich momentan in der Fettverbrennungsphase befindet.

Wenn dann Sportsucht, Diäten und simples Hungern nicht mehr genügen um Gewicht zu verlieren, greifen manche Models zu drastischeren Methoden. Um zugeführte Lebensmittel wieder auszuscheiden, finden Abführmittel, harnfördernde Mittel, Appetitzügler und weitere Medikamente Anwendung. Manche Models nehmen Clenbu-

terol, umgangssprachlich ,Clen', ein verschreibungspflichtiges Asth-
mamedikament für Pferde. Bei Menschen reduziert es das Körperfett
und unterstützt den Muskelaufbau, so sagt man unter der Hand. Der
Arzneistoff Orlistat ist ursprünglich ein zur Behandlung von Adipositas
-Übergewicht, eingesetztes Mittel zur Fettreduktion. Das Mittel hemmt
die Fettresorption und damit die Nährstoff-Aufnahme aus dem Darm
indem fettzerlegende Enzyme blockiert werden. Daten zeigten, dass es
nur bei manchen Nutzern die gewünschte Wirkung hervorbringt. Es
soll bei Erwachsenen mit einem Body-Mass-Index (BMI) von 28 oder
höher Anwendung finden, wird allerdings auch von schlankeren Käufern missbräuchlich angewendet, vor allem seitdem es als Diätkapsel
alli® rezeptfrei über Apotheken vertrieben wird. Es gibt unzählige weitere appetithemmende Medikamente mit Wirkstoffen, die aufgrund von
nachgewiesenen Nebenwirkungen vom deutschen Markt genommen
wurden und trotzdem durch illegalen Import vom Endverbraucher kon-
sumiert werden. Auch Schilddrüsenfunktion anregende Pillen sind im
Umlauf, um den Stoffwechsel auf unnatürliche Weise zu pushen. Doch
mit jenen Medikamenten scheint es den treibenden Kräften hinter dem
Abnehmzwang noch zu langsam zu gehen, beziehungsweise nicht ausreichend Wirkung zu bringen: *„Ich habe Geschichten von manchen Modelagenturen gehört, die Mädchen dazu ermutigen, Speed oder Kokain zu
nehmen um den Stoffwechsel anzuregen und weniger zu essen"*, so KIRA
DIKHTYAR nach ihrem Karrierestop.

Model CRYSTAL RENN berichtete von einer weiteren ungesunden Vorgehensweise, dem übermäßigen Konsum von Zigaretten: *„Ich weiß,
dass ein Grund, aus dem Models – und normale Mädchen – rauchen wie
die Schlote, der ist, dass sie damit ihr Gewicht unten halten wollen. Vor
allem während der Modewochen leben sie allein von Champagner und
Rauch."* Und tatsächlich sah man auch in der Reportage ,Picture me'
bei einem Backstagedreh unzählige dürre Laufstegmodels rauchen.
Das filmende Model kommentierte die Szene mit: *„Sieht ja aus wie in
einer Zigarettenwerbung hier!"* und lachte herzlich. Ex-Agentur-Chefin
und Autorin KIRSTIE CLEMENTS berichtete, dass Models teilweise auch
Papiertaschentücher kauen, um aufkommende, unerträgliche Hunger-
gefühle zu unterdrücken. Diese Methode klingt zu verrückt um wahr zu
sein, ebenso wie die verwandte Praxis Wattebäusche zu verzehren, zur

Not in Saft getränkt, um sie besser schlucken zu können. Die Watte zersetzt sich laut deren Überzeugung einfach im Magen und wird ausgeschieden, aber sie beruhigt eine Weile das Magengrummeln. Verschiedenste Quellen erzählen davon und bestätigen somit Zellstoffverzehr als gängige Methode zur Beruhigung des Magens. Da auch Hypnose zum Einsatz kommt, um Hunger zu unterdrücken, scheint der Phantasie und auch dem Wahnsinn, mit dem ein sinnfreies Ideal verfolgt wird, keine Grenzen gesetzt.

Wenn Diäten nicht ausreichen, um speziell die Brüste der Frauen schwinden zu lassen, wird überdies auch mal zu chirurgischen Verkleinerungen gegriffen. Der neueste Trend der medizinischen Abnehmmethoden sind Injektionen, die die Schilddrüse anregen. Auch andere injizierte Mittel werden eingesetzt. So das humane Choriongonadotropin, kurz hCG. Es kann in Form einer täglichen Injektion verabreicht oder auch anderweitig eingenommen werden, in Verbindung mit einer drastischen Kalorienreduktion (500/Tag), ebenfalls als eine Art Kur. Experten sagen, eine durchschnittliche Frau brauche am Tag rund 1900 Kilokalorien zugunsten einem gesunden Leben, sicherlich immer abhängig von Gewicht, Größe und körperlicher Aktivität. Der Bedarf könnte zweifellos von Individuum zu Individuum auch höher ausfallen. Von der unglaublichsten Praxis, Gewicht und Umfang abzubauen, von der ich je hörte, erfuhr ich aus Effi Bergers Buch ‚backstage'. Hier der selbsterklärende Textauszug: *„Irina hatte ihre kerngesunden circa 1,15-Stelzen freiwillig eingipsen lassen! [...] Einer der großen Designer hat Irina für seine Eröffnungs-Show gebucht. Und damit ihre Gräten bis dahin noch dünner werden, Irina aber wohl kaum noch mehr Fett abnehmen kann, müssen eben die Muskeln schrumpfen."*

Betrachtet man das Ziel dieser zusammengetragenen Methoden – nämlich schlank und schön zu sein, sind sie schlussendlich höchst kontraproduktiv. Bemühungen, die eine Gewichtsreduktion hervorrufen sollen, wie permanentes Rauchen, aber dafür die Haut altern lassen, Haut und Zähne gelb färben, die unzähligen Folgen von einseitiger und ungesunder Ernährung, Medikamentenmissbrauch sowie die psychischen Auswirkungen des sozialen Rückzuges, lassen einen Menschen rasch unattraktiv (und unglücklich) werden. Unzählige Kurzzeit- und Langzeitfolgen sind das Ergebnis.

„Ich sehe all die dünnen Models, die mehr Jobs bekommen als ich. Ich denke: Ich will auch so dünn sein. Ich will so dünn sein, dass die Leute denken, ich sei krank. Ich will mich nicht mehr schlecht fühlen, wenn ich mich im Spiegel sehe. Ich will wieder so dünn wie eine Bohnenstange sein. So gehöre ich einfach. Ich bin immer superdünn gewesen. Jetzt bin ich nur noch dünn. Dünn auf gute Art. Manche würden sagen, schön. Ich bin krank." Lina Scheynius (2014).

Die Konsequenzen für die Models

„Ist es nicht erschreckend, dass der Körper, der bei manchen als Grundlage für eine ganze Kollektion dient, der einer Frau ist, die die meiste Zeit im Krankenhaus liegt?", so Kirstie Clements, ehemalige Chefredakteurin der australischen ‚VOGUE' über ein sogenanntes Fit-Model (eine Frau auf deren Körper die Kleidung für die anstehende Kollektion geschneidert wird), welches nie zu Hause sei, da sie im Krankenhaus durch einen Tropf oft zwangsernährt wurde.

Model Crystal Renn beschrieb in ihrem Buch, dass sich gerade Anfang der 1990-er Jahre die Modeindustrie regelrecht *„verguckte in die abgemagerten Mädels mit dem depressiven Aussehen"*. Der Abwärtstrend startete und um die Jahrtausendwende wurden die Mädels dann immer noch magerer. In 2006 gab es plötzlich aufkommende negative Schlagzeilen von einem Model nach dem anderen, welche auf dem Weg zum krankhaft mageren Schönheitsideal starben. Die 18-jährige Uruguayerin Eliana Ramos starb offenbar an Herzversagen. Sie war lebensgefährlich abgemagert und verlor den Lebenskampf. Nachdem sie sich nur noch von Salatblättern und ‚Cola light' ernährt hatte, folgte ihr auch die ältere Schwester Luisel in den Tod mit nur 22 Jahren. Das brasilianische Model Ana Carolina Reston wog bei ihrem Tod, mit jungen 21 Jahren, nur noch 40 Kilo bei 1,73 m. Es gab bei Ana Komplikationen durch Nierenschädigungen und dann allgemeines Organversagen, als Konsequenz ihrer Erkrankung an Anorexie und Bulimie. Die heranwachsende Frau hatte sich zuletzt nur noch von Äpfeln und Tomaten ernährt. Hila Elmalich, ein israelisches Model, litt ebenfalls an Magersucht und wog bei ihrem Tod nur noch 27 Kilogramm. Sie hungerte sich über Jahre zu Tode und schlussendlich gab ihr Herz auf. Bethany Wallace starb 2012 mit jungen 19. Sie startete als Teeniemodel bereits mit 12 Jahren, lächelte seitdem von unzähligen Jugendmagazinen und erlag dem enormen Druck der Schönheitsideale wenige Jahre später. Schlussendlich wog sie nur noch 38 Kilo und starb im Schlaf, vermutlich ebenfalls an Herzversagen. Vorher kreisten, wie bei allen Betroffenen einer Essstörung, die Gedanken Tag und Nacht um Hungern, Gewicht und Essen. Bis zu 20 Prozent der Betroffenen sterben an der Esstörungs-Erkrankung, so die unabhängige ‚Eating Disorders Coalition' – eine nicht nur deprimierend hohe Sterblichkeitsrate, sondern damit auch die tödlichste mentale Krankheit. Kein Job in der Modeindustrie ist es Wert, dafür zu sterben! *„Leider messen viele Mädchen wegen der Konkurrenz, die in unserer Branche herrscht, ihrer Arbeit und bestimmten Schönheitsidealen mehr Wert bei als ihrer Gesundheit."* Topmodel GISÈLE BÜNDCHEN in der brasilianischen Zeitung ‚Folha de São Paulo' (2006).

Viele der professionellen Models müssen vor einer gedruckten Veröffentlichung mittlerweile oft sogar digital ‚gesünder' gemogelt werden. Was aber nicht bedeutet, dass sie fülliger dargestellt werden, sondern herausstehende Knochen werden optisch reingeschoben, Augenringe entfernt oder die obligatorischen blauen Flecken werden digital weggeschminkt. Diese entstehen schneller, wenn man sich dauerhaft mangelernährt. Eine solche gefährliche Lebensweise hat eben körperliche Konsequenzen, die die Modeliebhaber nicht sehen sollen: *„Das Tempo forderte seinen Tribut. Mein Körper magerte mehr und mehr zum Skelett ab. Mir wurde einfach nicht mehr warm; mir war ständig eiskalt. Und meine Regel war ausgeblieben, seit ich in Mailand war. Die Akne wurde jeden Tag schlimmer; selbst mein Haar fiel Büschelweise aus und meine Beine bekamen von den kleinsten Stößen blaue Flecken. Auch emotional war ich völlig am Ende."* JENNIFER STRICKLAND (2012, S. 119).

Branchenkenner erzählten von Mannequins, die mit blutigen oder vernarbten Knien zu Shootings erschienen – das, weil sie einfach regelmäßig in Ohnmacht fielen. Ein Model sagte, drauf angesprochen: *„Oh ja. Weil ich immer so hungrig bin, falle ich einfach viel in Ohnmacht."* In ihrer Welt war es normal, mindestens einmal am Tag derart zusammenzubrechen. Wenn die Magersucht auf längere Zeit an dem Körper zehrt, verursacht die Unterversorgung mit Nährstoffen das ständige Frieren. Frieren ist in biologischer Hinsicht eine Energiesparmaßnahme des Organismus und Anzeichen körperlicher Erschöpfung. Weitere derartige Symptome sind die oft auftretende langsame (hypotone) Herztätigkeit und ein niedriger Blutdruck: „*Meine Lippen und meine Finger waren blau, weil ich so dünn war, dass mein Herz Probleme hatte, das Blut durch meinen Körper zu pumpen.*" GEORGINA WILKIN zur ‚Daily Mail'.

Die Verfärbungen der Finger können auch von Sauerstoffunterversorgung durch die Mangel-/Unterernährung kommen (Akrozyanose). Kenner berichten vom ‚roten Zeigefinger' mancher Models – ein deutliches Indiz für Bulimie. Beim erzwungenen Hochwürgen des Mageninhaltes kommt sowohl Magensäure, als auch der Mageninhalt hoch, den die betroffenen Models los werden wollen. Kommt der Finger dann mit dem Mageninhalt in Kontakt, kommt es aufgrund der Säure schon mal zu einer roten Färbung des Fingers, zu Schwielen oder Narben. Es sollte ein Alarmsignal für die Bezugspersonen der Betroffenen sein, bläuliche oder rote Finger an geliebten Menschen zu sehen. Ein Resultat des extremen Lebensstils ist in letzter Instanz auch ein Flaum, bis hin zu starker Behaarung des Gesichtes, Rücken, Unterschenkel und Armen. Experten sprechen von Hypertrichose – einer Lanugo-Behaarung. Das Kopfhaar geht bei einer Magersucht infolge der Magelernährung paradoxerweise eher verloren. Nägel und Haare werden brüchig und fahl. Die Haut wird sehr trocken und schuppig, verliert zudem an Elastizität. Die Konzentrationsfähigkeit lässt im Laufe der Krankheit nach, was durch die Models oft mit erhöhter Anstrengung ausgeglichen wird. Diese ständige Überbelastung wiederum führt vielfach zur kompletten Erschöpfung, mental und körperlich. Weitere körperliche Folgen einer solchen Essstörung sind Symptome wie: langsame Herztätigkeit, niedriger Blutdruck, Unterleibsbeschwerden, Verstopfung, Senkung der Stoffwechselrate, Muskelschwäche, Wassereinlagerungen, Zahnausfall, Störungen im Eiweiß- und Mineralhaushalt, speziell Kaliummangel.

Immer auf der Schwelle zum Tod bei einer schwerer Anorexie-Erkrankung, den Körper massiv schaden und der ständige Druck – das hat auch mentale Auswirkungen: extreme Stimmungsschwankungen, Übermüdung und Erschöpfung, Fressattacken, bis hin zu konkreten Handlungen der Selbstverletzung. Zahlreiche Untersuchungen, unter anderem die der Firma ‚Dove', beweisen, dass Mädchen sowie Frauen, aufgrund der Unzufriedenheit mit dem eigenen Körper, sogar von verschiedensten sozialen Aktivitäten fern bleiben. Das betrifft auch vor allem die Models. Ein normales, gemeinsames Essen mit Freunden oder Familie ist oft nicht mehr möglich bei einer vorangeschrittenen Anorexie-Erkrankung. Die Störungen des sozialen Lebens Betroffener gehen aber noch weiter. So lässt sexuelles Interesse ebenso nach, wie das allgemeine Wert legen auf eine Partnerschaft. In Verbindung mit dem Ausbleiben der Menstruation, erfolgt so die komplette Stagnation einer konventionellen Frauenrolle.

Die Frage der Schuld

„Sie maßen jeden Zentimeter meines Körpers genau nach. Von da an verstand ich, dass mein Körper nur ein Produkt war." GEORGINA WILKIN im Interview mit www.vip.de

Die Gesellschaft fördert Essstörungen wie Magersucht und Bulimie, indem sie die klapperdürren Models, Sängerinnen und Schauspielerinnen in den Medien groß herausbringen und als Vorbilder propagieren. Diese Frauen quälen Körper und Geist, damit sie dünn, dünner, am dünnsten sind und Millionen eifern ihnen nach (JENNIFER STRICKLAND). Ein sozialer Aspekt als Auslöser der Ess-Brech-Sucht und Magersucht in der heutigen Gesellschaft ist demnach das verbreitete, genormte Schlankheitsideal, welches vor allem Frauen als anzustrebendes Schönheitsleitbild nehmen. Als besonders gefährdet gelten Sportler/innen, Ballettänzer/innen und eben Models. *„Es werden Initiativen für gesunde Ernährung gestartet, für mehr Sport, woraus man wiederum etwas schließen kann: Dass man in Deutschland Gesundheit vor allem als Ernährungs- und Bewegungssache betrachtet. Doch entscheidend ist noch immer der Kopf – und das Ziel, das er sich setzt: Wer dünn und dünner sein will wie eine Mariacara Bioscono oder eine Kate Moss, für den ist es egal, von was er dafür zu wenig ist. Und er will auch keine Muskelpakete. Es ist Unsinn, den Leuten zu sagen: ‚Ernährt euch gesund!', wenn ich zugleich zulasse, dass Vorbilder durch die Medien laufen, die signalisieren: ‚Sieh krank aus.'"* PEYMAN AMIN (2010).

Es ist ein gesellschaftliches Problem, das zunehmender Aufmerksamkeit bedarf. *„Eine kulturelle Fixierung auf die Schlankheit der Frau bedeutet nicht, von weiblicher Schönheit besessen zu sein, sondern von weiblichem Gehorsam"*, formulierte NAOMI WOLF, die amerikanische Buchautorin von ‚Der Mythos Schönheit', scharf. Dieser ‚Gehorsam' zeigt sich im Besonderen bei dem allgegenwärtigen, akzeptierten Diktat des Schlankseins. Am Ende ist Mode ein Geschäft, und auch der Markt, also die Nachfrage, bestimmt, was ‚in' ist. Wenn die Leute lauthals nach Kurven verlangen und sich für Models begeistern, die nicht der Norm entsprechen, wird die Industrie expandieren und sich anpassen, um auch diese zu integrieren (CRYSTAL RENN, ‚Hungry').

Die Mitglieder einer Gesellschaft haben nicht nur Einfluss auf die Modewelt an sich, sondern auch auf die Medien: durch Leser-/Zuschauerbriefe, durch die Einschaltquoten, durch das Unterstützen von Facebookseiten der jeweiligen Stars und Shows sowie durch Zuschauerumfragen. Die Medien hingegen haben die Macht darüber, wer in der Welt aufsteigt und fällt. Sie formen die Meinung der Gesellschaft, vor allem den des unreflektierten, bildungsferneren Teils. Stars mit normalen Figuren oder Übergewicht werden in Publikationen kaum positiv erwähnt oder sie sind die ausdrücklich betonten Ausnahmen von der Regel. Mit Verwendung körperlicher Attribute à la ‚die rundliche Adele', ‚die Wuchtbrumme Beth Ditto', oder ‚The Booty-Beyoncé' wird diese Haltung sprachlich unterstützt. Gerade die Klatschpresse verkauft ihre Magazine gern mit den unschmeichelhaften Fotos berühmter Leute. Die Prominenten stehen so unter ständiger Beobachtung durch die Paparazzi, im Auftrag der Zeitungsmacher. Also werden sie entweder öffentlich verpönt oder ihre Fotos mit normaler Körperfülle und ihre ‚Makel' werden einfach digital nachbearbeitet, falls man die Bilder für Werbung verwenden möchte. Sie sind die Menschen, die das Schönheitsideal und die Selbstzweifel von Millionen Frauen und Männern prägen, die sich mit ihnen vergleichen. Die Gesellschaft und die Medien sind also bewiesenermaßen in der Verantwortung. Aber wer noch?

„Die Booker sind die Gewichtspolizei. Ich erinnere mich an einen Booker in meinem ersten Sommer in Mailand, der eine abfällige Bemerkung machte, als ich in der Agentur ein Eis aß. Einmal finde ich unter meinem Bett in einer Wohnung, die ich mir mit drei Models und einem Booker teile, einen Pizzakarton. Die Mädchen hatten die Pizza hereingeschmuggelt, als ich nicht da war, und jetzt wollten sie nicht mit dem leeren Karton erwischt werden. Einmal gerate ich mit einem Booker in Streit, weil ich mir die Pille verschreiben lassen will. Er sagt, ich würde dick davon. Aber es sind nicht nur die Booker. Der Druck kommt auch von den Kunden in den

großen Unternehmen, die wiederum weitergeben, was die Konsumenten angeblich wollen. Am Ende hat keiner die Verantwortung. Ich glaube nicht, dass ich mich je mit Schokolade vollgestopft hätte und danach aufs Klo gerannt wäre, um mich zu übergeben, wenn die Branche nicht wäre. Aber wem sollte ich die Schuld geben? Damals habe ich sie bei mir selbst gesucht." LINA SCHEYNIUS (2014).

Neben den Medien sind auch diejenigen an dem Problem beteiligt, die die Mannequins buchen und fördern – die, die erst dafür sorgen, dass sie auf den Laufsteg kommen und somit in den Medien erscheinen: die Booker, Fotografen, Producer, Modemagazine, Modezare, Agenturen, Scouts, Coaches etc. Auch wenn sie sich gern aus der Verantwortung reden, beweisen Berichte der Realität das Gegenteil. Das Model COCO ROCHA erzählte ,Associated Press' 2008, dass sie auf einer Modelreise einige Pfunde verlor und sie unglaublich schockiert war, als sie die Reaktionen der Branche auf den Gewichtsverlust mitbekam. Denn sie sagten ihr: „Du musst noch mehr abnehmen. Der Look ist dieses Jahr Magersucht. Wir wollen nicht, dass du magersüchtig wirst, aber wir wollen, dass du so aussiehst." Es ist ja mittlerweile weitläufig bekannt, dass die meisten der großen Modehäuser wollen, dass ihre Aushängeschilder – ihre Models – quasi magersüchtig aussehen. 2013 sorgte dahingehend eine eiskalte Anwerbeaktion für Aufregung in der Presse. Die Modescouts einer Agentur lauerten doch tatsächlich schwer erkrankten jungen Mädchen vor einer Klinik für Essgestörte in Stockholm auf. Die Scouts fingen die kranken Mädchen ab, wenn sie spazieren gingen. Die anvisierten möglichen Nachwuchsmodels hatten alle laut Berichten durchweg einen BMI von 14. Ein normaler BMI liegt zwischen 18,5 und 24,9. „Eine von denjenigen, die angesprochen wurden, saß im Rollstuhl, weil sie so abgemagert war", sagte die Leiterin der Klinik ANNA-MARIA SANDEBERG der schwedischen Presse. Die Klinik ist mit 1700 Menschen, zumeist jungen Mädchen, die größte ihrer Art in Schweden. Aufgrund der Vorkommnisse mussten die Tagesabläufe der Patientinnen geändert werden. Dieser Umstand und womöglich auch die negative Presse beendeten das zweifelhafte Vorhaben zunächst. Es zeigt aber deutlich die Skrupellosigkeit dieser Branche. Dass die Verantwortlichen Mädchen mit Magersuchtlook buchen, wird natürlich in der Öffentlichkeit so deutlich nicht gesagt. Von den Designern werden aufkommende ‚Schocknews' über zu dünne junge Mädchen in der Presse, schnell abgetan und unverzüglich geschickt herunter kommentiert. So wurde zum Beispiel das Bild eines Models in einem Top, entworfen von STELLA MCCARTNEY aus der Frühjahr-/Sommerkollektion 2015 während der Pariser Modewoche Herbst 2014, von der Designerin als ‚Gut getragen!!! X Stella' betitelt. In den Nachrichten hingegen wurde das Model als erschreckend mager angeprangert. Und auch die Fans zeigten sich empört in den Kommentaren: *„Schäm dich, Stella. Ich dachte, du würdest für echte Frauen designen. Das ist einfach zu viel"*, schrieb ein/e Instagram-Nutzer/in und ein/e andere/r wütete: *„Ekelhaftes Bild. Diese junge Frau ist eindeutig sehr krank und dieses Bild zu benutzen, repräsentiert all das, was falsch läuft in der Modeindustrie."* Das Foto wurde schnell ausgetauscht durch ein wenig gesünder aussehendes Mädchen. Zudem wurde ein Statement der Designerin verbreitet, welches die Gemüter beruhigen sollte. Es gelang, zunächst. Erst wenige Tage zuvor machte die Designerin Schlagzeilen aufgrund eines Backstage-Interviews nach ihrer Show am 29. September. So erklärte die Modeschöpferin gegenüber der Zeitung ‚The Guardian', dass ihre neue Kollektion *„die Zerbrechlichkeit der Frau zelebriere, da heutzutage starke Frauen zu dominant seien"*. Und solch eine Aussage kommt von einer Frau in einem stark männerdominierten Business. Hat die Modeindustrie also mehr Verantwortung zu tragen, oder können sie sich wenigstens ihres Einflusses bewusst sein, den sie definitiv darauf haben, wie die Menschen ihren Körper wahrnehmen? Die Agenturen und Designer schieben sich gern gegenseitig die Schuld an der Magersuchtmodels-Problematik zu. Die Redakteurinnen und Redakteure, die die Models für Editorial-Strecken ihrer Magazine auswählen, sagen, ihre KundInnen würden mit Sicherheit abspringen bei präsentierten Models mit Normalgrößen. Außerdem machen sie die kleinen Mustergrößen der Designer verantwortlich. Die Designer sagen selbst, sie wählen ja nur Mädels aus, die ohne Probleme in die Kleider passen. Sie betonen dabei des Weiteren, die Models sollen der Mode nicht die Show stehlen, daher sollen sie halt besser nicht kurvig oder auffällig aussehen. Während die Designer darüber hinaus behaupten, ihnen werden durch die Agenturen nur diese dürren Models zur Auswahl gestellt, sagen die Agenturen, die Modehäuser fragen nur nach den schlankesten Models

und sie hätten keine Wahl. Dabei ist der Weg, den die Mode geht, ziemlich einfach zu verfolgen und damit auch der Anfang der Schuld: Die Designer wählen ein Model, auf dessen Maße die Kollektion geschneidert wird. Diese hat dann eben momentan meist (immer?) Größe ‚Zero'. Die Models, die dann wiederum die Mode auf den Laufstegen präsentieren, müssen alle in diese Musterstücke passen. Nach solch einer Show werden die Kollektionsstücke zum Fotografieren für die Presse zur Verfügung gestellt. Die Casting-Zuständigen der Magazine müssen nun wiederum Mädchen casten, die so dünn sind, in die winzige Designerkleidung zu passen. Fotografen geht es dann vornehmlich um den dramatischen Look der Bilder, dem Prestige durch das namenhafte Magazin und nicht um die tragischen Geschichten der Frauen auf ihrem Weg zu diesem Körper. Womöglich reden sie sich sogar ein, dass die Models einfach viel Yoga machen oder sich gesund ernähren. Somit lichten sie die dürren Grazien in den winzigen Stücken ab, die Magazine wählen Bilder aus und drucken die entstandenen Fotografien, die dann wiederrum Millionen Leser/innen sehen. Es besteht laut Aussagen der Illustrierten keine Möglichkeit größere Musterstücke zu bekommen. Daraus könnte man folgern: Die Designer sind wohl heutzutage schier nicht daran interessiert, ihre Mode an fülligeren Frauen zu sehen. An diesen ganzen Prozessen sind unzählige Menschen beteiligt, die diese ungesunden Größen mit ihrer Arbeit schweigend akzeptieren, verbreiten und vermarkten. Der in den Medien bekannte Modelagent Peyman Amin, erklärt dazu in seinem Buch ‚Heroine-Chic. Magermodels':
„Frauen mit hervorstehenden Wangenknochen. Oberarme, die man sofort mittels künstlicher Ernährung aufpäppeln möchte. Es stimmt: Man kann über das Gewicht von Topmodels streiten. Ich kann es aber als Agent nicht ändern. Bestimmte Kunden ordern bestimmte Models, und wenn ich sie nicht vermittle, wird es ein anderer tun. Ich kann sehr gut nachvollziehen, dass viele Menschen es für Wahnsinn halten, welche Models in welcher Konstitution über den Laufsteg geschickt werden. Aber ich kann den Leuten, die diese Mädchen ausstatten, nicht vorschreiben, wen sie anfordern sollen. Was mich viel stärker irritiert, ist, dass trotz der Klagen in der Öffentlichkeit unterm Strich kaum jemand wirklich effektiv einschreitet."
Dabei nimmt er sich als Agent ganz schön aus der Pflicht, denn Booker und Agenten sind diejenigen, die die Mädels entdecken und über-

haupt erst in die Agentur aufnehmen – natürlich mit Genehmigung oder nach konkreten Anweisungen der Agenturleitung handelnd. Es liegt in ihrer Verantwortung zu entscheiden, wer vom Körperbau und Aussehen in die Kartei aufgenommen wird. Und sie sind es auch, die aus den vielen Mädels in der Agenturkartei den Designern eine Auswahl vorschlagen oder sie direkt zu den Castings schicken. Sie entscheiden also sehr wohl, welche Models da über die Laufstege schweben dürfen und welche nicht. Ferner sind sie erster Ansprechpartner und Berater der Models bei Fragen, Problemen und Jobangelegenheiten. Viele junge Models berichteten davon, dass ihre Agenten ihnen permanent zum Abnehmen rieten, beziehungsweise sie lobten, wenn sie Gewicht verloren hatten und sie sogar kontrollierten. *„Sie fanden immer einen neuen Vorwand, mich alle paar Wochen in die Agentur zu locken. Dabei wollten sie nur überprüfen, ob ich zugenommen hatte. [...] Immer wieder wurde mir gesagt, ich sei zu dick, ich solle abnehmen – das, obwohl ich bei einer Größe von 1,78 Metern gerade einmal 56 Kilo wog"*, so Model ARIANA, zu der Zeit 14 Jahre (2011, S. 3).

Ein Teufelskreis: nehmen die Mädels ab, bekommen sie Lob und Bestätigung durch ihre Berater. Statt das Gewicht dann aber zu halten, dürstet es sie nach mehr und sie führen die Diäten fort. Auch ARIANA berichtete dem ‚Beobachter' im Interview, wie sie sich als 16-Jährige durch Sport und Hungern von schlank auf mager hungerte und sich dabei einredete, im Vergleich zu anderen von ihr beobachteten Extremfällen, noch relativ gesund zu leben. Doch nach den vermeintlichen Erfolgen des Gewichtsverlustes erlebte sie trotzdem diese Reaktionen: *„Ich war bereits extrem dünn, als mir eine Mitarbeiterin der Agentur sagte, dass meine Hüfte einfach nicht schmaler würde. Fettabsaugen wäre in diesem Fall wohl die einzige Lösung. Ich war schockiert."*

Laut einer Studie wurden bereits 64 Prozent der Models von ihrer Agentur gebeten abzunehmen. So auch hier im Bericht eines Models: *„Das einzige, was ich herunter bekam, waren Salat und Gemüse. Manchmal aß ich zwei Tage lang gar nichts"*. Der Agent von GEORGINA WILKINS war schier begeistert von ihrer neuen Mager-Silhouette und forderte sie auf, noch mehr abzunehmen: *„Er sagte mir, Georgina, was auch immer du dafür tust, mach es weiter!"* (2013). Immer und immer wieder suchen also die Ton-Angebenden der Modebranche junge Models im

Mager-Look aus. Die Mädels stehen unter ständigem Druck. Diese Fixierung auf das Gewicht und Ernährung erklärte ein anderes Model so: *„Beim Arbeiten siehst du Mädels, die dünner sind. Du weißt, die ist mir überlegen. Wenns dann ans Essen geht – und sieht, dass die andere nichts isst – dann hungert man auch selbst eher."* TAMARA ZIETLOW im Interview mit ‚fudder'.

Doch die Schuldigen der Problematik zeigen mit dem Finger immer nur auf andere oder sie leugnen das Problem ganz unverfroren komplett: *„Es gibt viele Gerüchte. Ich habe in all den Jahren noch nie ein magersüchtiges Model auf dem Laufsteg gesehen."* URSULA KNECHT, Chefin der Zürcher Modelagentur ‚Option', gefragt nach dem vielbeklagte Magerwahn (2011, S. 1). Dabei könnte etwas Reflexion und Eigenverantwortung einiges zum Positiven verändern in dieser Modewelt. Und schlussendlich haben auch die Familienmitglieder eine Verantwortung sich für die Gesundheit ihrer Jüngsten einzusetzen und nicht wegzuschauen: *„Meine Mutter war skeptisch, aber sie sah, wie glücklich ich war, Teil der Modeindustrie zu sein und wollte mir nicht im Weg stehen."* GEORGINA WILKIN (2013). Schlussendlich brach GEORGINA zusammen, Nieren und Herz drohten zu versagen, und die Ärzte offerierten ihr, dass sie in Lebensgefahr schwebe. Nach fünf Monaten Therapie gegen die Magersucht arbeitet sie nun nicht mehr als Model und setzt sich dafür ein, dass jeder von dem Druck auf die Models weiß und Produkte boykottiert, die solche kranken Ideale unterstützen: *„Ich bin sehr glücklich darüber, überlebt zu haben. Aber es macht mich wütend, wenn ich Bilder von magersüchtigen Models sehe."*

4.2.4 Berufsinterne sexuelle Belästigung und Missbrauch

„Ich kenne viele Geschichten von Männern, die bei Models die Grenze überschreiten. Zum Beispiel, wenn mir ein Booker sagt, es erregt ihn, wenn er in der Agenturtoilette meine Maße nimmt, ich nur in Unterwäsche. Oder wenn ein Booker von mir wissen will, ob ich auf Analsex stehe. Oder wenn ein Fotograf meiner Freundin Ida in die Brustwarze zwickt und sagt, sie sollen auf dem Foto hart sein. Dabei bin ich sicher, dass ich die schlimmsten Sachen gar nicht mitbekomme. Ich komme aus Schweden, und Schwedinnen werden mit mehr Respekt behandelt als Mädchen aus ärmeren Ländern." LINA SCHEYNIUS (2014).

Zum ‚Glück' finden sich wenigstens immer mal wieder kurze Berichte in den Nachrichten über das Problem der Essstörungen in der Szene. Über die finanzielle und sexuelle Ausbeutung der Models wird hingegen kaum berichtet. Natürlich wollen die bekannten Modelcastingformate ihre Sendungen gut verkaufen und daher keine zu negativen Diskussionen anstoßen. Die Privatsender, die mit diesen Shows verdienen, werden sich ebenso hüten vor einem allzu schlechten Bild. Und dann kommt auch noch hinzu, dass viele der betroffenen Frauen und Mädchen kaum darüber sprechen. Scham und Angst führen zum Schweigen und zudem gehören Belästigungen fast schon zum ‚normalen' (will heißen, auch akzeptierten) Alltag. SARA ZIFF, erfolgreiches Laufstegmodel und zudem Co-Regisseurin und Hauptprotagonistin von ‚Picture Me', einem Dokumentarfilm des harten Modelalltags, bestätigte diese These und sagte dazu, Übergriffe dieser Art seien an der Tagesordnung: *„Alle meine Freundinnen im Business haben mindestens eine solche Geschichte zu erzählen."* (Haaf 2009).

Eine amerikanische Umfrage mit 85 anonym antwortenden Models zeigte die erschreckenden Ausmaße dieser Problematik: Fast 30 Prozent der befragten Models gaben an, bereits unangemessen berührt worden zu sein während eines Jobs. 28 Prozent wurden zum Sex mit einem Brancheninternen gedrängt. Und nur weniger als ein Drittel – 29,1 Prozent der Opfer von sexueller Belästigung empfanden, sie könnten mit ihrer Agentur über das Erlebte reden. Laut den weiteren Ergebnissen der kleinen Umfrage ist dies nicht verwunderlich, denn wiederum zwei Drittel der Wenigen, die sich trauten, etwas zu erzählen, haben von ihrer Agentur gehört, man verstehe das Problem daran nicht. Die Meisten entschieden sich, solche Vorfälle niemandem zu berichten. 60 Prozent der Models empfinden es als unangenehm, dass ihnen beim Kleidungswechsel kaum Privatsphäre zugestanden wird – eine alltägliche Praxis in der Modelwelt. Zum öffentlichen Umziehen kommen dann noch Fotografen, die Backstage bei Fashionshows unterwegs sind und die Frauen ungefragt nackt ablichten. Über 86 Prozent der Models berichteten, dass sie bei einem Job oder einem Casting ohne vorherige Ankündigung schon mal nackt posieren mussten. Davon waren 46,4 % damit einverstanden; 27,5 % posten allerdings nur nackt, da sie der Meinung waren, man verlange es von ihnen. Ob sich die Träume der jungen Frauen erfüllen, hängt eben immer noch oft von Männern ab, die vermeintlich oder tatsächlich in der Branche etwas zu sagen haben. Selten kommen solche schrecklichen Geschichten an das Tageslicht. Oft erst, wenn vertrauenswürdige, einfühlsame Menschen von außerhalb interviewen und in die Straftaten involvierte Namen anonymisieren oder wenn Models aufhören mit ihrem Job und ihr jahrelanges Schweigen brechen. Nachvollziehbar ist die Zurückhaltung, da es schon mal ein paar Jahre dauern kann zu realisieren und reflektieren, was alles falsch und was richtig gelaufen ist. Es sind eben zu Zeiten des Berufseinstieges oft Teenager, die unverhofft von heute auf morgen in eine Rolle gepresst werden, die sie noch nicht verstehen können – die der sexy, verführerischen Frau. Was da an Forderungen angebracht ist und was zu weit geht, wie weit sie selbst gehen sollten, wann sie widersprechen dürfen – das sind oft überfordernde Fragen für die jungen Einsteiger.

„Bei meinen ersten Malen vor der Kamera lächele ich zu viel. Der Fotograf sagt, ich solle damit aufhören. Ich soll das Kinn heben und den Mund öffnen. Manche sagen ganz direkt: ‚Schau sexy!', was ungefähr dasselbe bedeutet wie das Kinn heben und den Mund öffnen. Ich bin gerade 17 geworden. Ich hatte noch nie Sex, und ich bin mir nicht sicher, wie man sexy schaut, [...] Kristyna, 14, kommt mit krasseren Fotos nach Hause. Sie sitzt in Unterhose auf dem Boden, die Hand zwischen den gespreizten Beinen, und sieht herausfordernd in die Kamera." LINA SCHEYNIUS (2014).

Gedrängt werden zur Nacktheit

„Unmoralische Fotografen legten es beispielsweise oft darauf an, dass ich mich vor ihnen auszog. [...] Erst hieß es: ‚Kannst du bitte einmal dieses Outfit anprobieren?', und das war durchsichtig. Als nächstes konnte es dann heißen: ‚Kannst du mal den BH ausziehen? Der sieht auf dem Bild nicht gut aus' und so weiter." JENNIFER STRICKLAND (2012, S. 74)

„Wir sind abends im Studio bei ihm im Keller. Er macht ein paar Bilder, dann fragt er, ob ich das Oberteil ausziehen könne. Ich tue es. Ein paar Bilder später fragt er, ob ich die Hose ausziehen könne. Ich folge seinen Anweisungen, bis ich im Stringtanga auf dem Boden liege. Dann will er, dass ich auch den Tanga ausziehe. Ich will nicht, sage ich. Er wirkt überrascht und bittet mich, den Tanga auszuziehen, aber mich so hinzusetzen,

dass er meine Vagina nicht sehen kann, was ich versuche. Es fühlt sich merkwürdig an." Model LINA SCHEYNIUS (2014).

In der Art werden seit jeher junge, unerfahrene, (durch ihre Agenturvertretung) schlecht informierte oder charakterlich eher naive Mädels in dieser Branche zur Nacktheit oder mehr bei vermeintlich professionellen Shootings gedrängt. Sie fügen sich dem, was von ihnen verlangt wird, ohne groß zu hinterfragen. Dies geschieht aufgrund von Anweisungen der Agentur, der eigenen Unsicherheit, auf der Suche nach Anerkennung, Wertschätzung oder durch Erfolgsdruck. Aber prinzipiell kann dieses zu Nacktbildern bedrängt werden auch gestandeneren Frauen passieren, wenn sie damit überrumpelt werden und/oder sich starkem Druck ausgesetzt fühlen. *„Die westliche Kultur und die Medienwelt redet Frauen oft ein, ihre Anerkennung komme von Männern: Wenn ein Mann sagt, dass du schön bist, dann ist das so. Wenn ein Mann sagt, dass du intelligent bist, dann stimmt das. Wenn er dich anziehend findet, bist du wer.*" JENNIFER STRICKLAND (2012, S. 28).

Durch methodisches und cleveres Vorgehen der Täter erreichen sie oft ihr Ziel und verdrängen dabei scheinbar jedes Unrechtbewusstsein über das, was sie dort tun (mit oft noch minderjährigen Opfern).

Zu meinen Erfahrungen mit der ungewollten Nacktheit

Wie viele unzählige Male ich in den vier Jahren des Modelns auf genau diese geschilderte Masche reinfiel und so stückchenweise meine Kleidung verlor, kann ich gar nicht mehr zählen. Es ist eine zugegebenermaßen sehr gerissene, gut funktionierende Manipulation. So hieß es jedes Mal etwas in der Art *„Der Bügel des BHs stört da unheimlich im Bild.*", *„Die Unterwäsche zeichnet durch und macht hässliche Abdrücke.*" oder durch dieses oder jenes Kleidungsstück *„könne man ja die Tattoos gar nicht richtig sehen.*"

Nun war ich bereits über 20 als ich ins Modeln einstieg und wusste genau, wie weit ich gehen möchte. Daher reagierte ich ab einem gewissen Grad dieses Drängens mit deutlichen Ansagen. Es dürfte nicht verwundern, dass ich nicht ein einziges Mal auf Verständnis oder Akzeptanz traf. Falls das Shooting dann überhaupt noch weiterging, musste ich mit einem mürrischen Fotografen weiterarbeiten, der mir eindringlich das Gefühl gab, ich sei prüde und es mache keinen Spaß mit mir zu arbeiten. Manchmal teilten sie mir auch mit, dass sie mein Verhalten unprofessionell finden. Ja bestimmt.

2013 ereignete es sich dann, dass elf Frauen inklusive mir für einen eh schon schlecht bezahlten Promotionjob auf einer Tattooconvention gebucht wurden und der Kunde uns für ein Shooting nach dem anderen ,verfeuerte'. Er ließ unverfroren all seine befreundeten Bekleidungsfirmeninhaber antraben und wir Frauen sollten bei Fotoshootings in irgendwelchen hässlichen, schmucklosen Hinterräumen deren Kleidung präsentieren. Teilweise kamen die Männer nicht einmal mit einem Fotografen, sondern mit einem Sack voll T-Shirts, einer eigenen (semiprofessionellen) Kamera und verschwanden nacheinander mit den Models in den Räumen. Ich weigerte mich. Dafür war ich schließlich nicht gebucht worden. Und für Shootings bekomme ich weitaus mehr Gage als für Promotionjobs an Ständen – alleine schon aufgrund der Bildrechte. Nach dem ersten gebuchten Tag von dreien, wurde ich zum Gespräch gerufen zum Assistenten des Chefs. Mir wurde eröffnet, dass es am nächsten Tag ein Nacktshooting für die Bildzeitung gäbe. Wenn ich mich da auch noch verweigern würde, wäre ich für das Wochenende sowie jegliche zukünftig zu vergebene Jobs, komplett gekündigt. Ich war zunächst geschockt. Als ich mich etwas fing, sagte ich ihm: „Ich kenne mindestens noch zwei Mädels, die das morgen auch nicht machen werden." Er bat mich, jene dazu zu holen. Nachdem sie meine vermutete Verweigerung bestätigten, wurden wir alle für die kommenden Tage gekündigt. Obwohl wir schriftlich gebucht wurden für Promotion am Stand, was lediglich bedeutet, Fotos mit Fans zu machen und Merchandise verkaufen, durften wir nun gehen, ohne Bezahlung oder Ausfallgage für die nachfolgenden Tage. Ein Zitat (Gedächtnisprotokoll) des Auftraggebers, der sich auf Druck hin den kommenden Tag doch noch persönlich unseren Fragen und Forderungen auf zumindest eine Ausfallgage stellte: *„Als Model is man dafür da zu zeigen, was man hat. Wenn ihr das nicht machen wollt, dann fliegt ihr halt raus. Damit ihr aber eure Klappe haltet, was diese Geschichte angeht, geb ich euch netterweise 80 Euro für den Ausfall heute. Wenn ihr die ganze Gage wollt, dann nehmt euch nen Anwalt!"* Abgang. Die restlichen sieben Models machten alles mit, was er verlangte. Auch die ständigen Angrabschereien und schmierigen Flirtereien des verheirateten alten Mannes nahmen sie mit einem falschen Kichern hin. Für uns Rausgeschmissene, wurden noch schnell Ersatzmodels nachgebucht, teilweise aus der Pornobranche. Die gesamte Gruppe musste dann noch am selben Abend zur Aftershowparty der Convention auf die Bühne für einen sogenannten Modelcontest. Hierbei gewann jenes Mädel, bei der am meisten/lautesten gegrölt wurde. Als Siegerin ging schlussendlich eine hervor, die ihre Brüste entblößte. Somit durfte sie als Preis nach Mallorca fliegen. Gratulation.

Mittlerweile arbeite ich bevorzugt mit weiblichen Fotografinnen oder stelle zumindest sicher, dass Visagistinnen vor Ort sind, wenn ich mit einem neuen Fotografen arbeite. Bloß nicht alleine irgendwo ausgeliefert sein. Lieber einmal mehr misstraut, als ein weiteres Mal falsch vertraut.

Ungewollt nackt beobachtet/fotografiert werden

„Ich hatte im November 2014 mein drittes Shooting überhaupt und dann auch noch Teilakt. Der Fotograf aus Berlin hatte mich im Internet über die ‚ModelKartei' angeschrieben. In seinem Portfolio sah ich, dass er mit zwei sehr bekannten Tattoomodels freizügige Bilder geschossen hatte. Er schien mir also seriös und dies gab mir etwas Sicherheit. Am Set im Berlin in seiner Firma, kam er auch gleich zur Sache: ‚Klamotten runter!' Ich war verunsichert. Warum schaut mich der Fotograf denn jetzt auf einmal mit diesen anderen Augen an? Ist das noch professionell? Und ständig diese anzüglichen Kommentare. Bilde ich mir das nur ein oder baggert er mich gerade an? Der hat doch Frau und Kind! ‚Ach Jess, denk doch an die anderen beiden Tattoomodels, die auch hier standen und bei denen so schöne Bilder entstanden sind. Zieh das jetzt durch!' – dachte ich mir nur.

Das wird schon alles richtig sein. Ich war froh als das Shooting vorbei war und ich heimfahren konnte. Über Facebook prahlte er, was für tolle Bilder er von mir gemacht hat. Er berichtete mir jeden Tag, wie oft das Bild schon geteilt wurde und wie viele neue Likes ich bekommen habe durch SEIN Bild. Er sagte, er hätte ja was bei mir gut, da ich ihm für diesen Erfolg dankbar sein muss und ich kann mich bei ihm bedanken, indem ich für ihn koche und ihn massiere, natürlich bei mir daheim und danach ein sexy Shooting. Ich versuchte das so gut wie möglich zu überhören, da ich ihn auch nicht verärgern wollte. Schließlich benötigte ich die bereits geschossenen Bilder für meine Fanseite. Also schön den Mund halten. Ich vertröstete ihn mit seinen Shootinganfragen so gut es ging und schob vorgeschlagene Termine immer wieder nach hinten. Er überraschte mich in gewissen Abständen immer mit neuen sexy Bildern und sagte mir immer und immer wieder, wie sexy und hübsch er mich findet und dass er unbedingt wieder mit mir shooten will. Bei solchen Worten überkam mich wieder das Gefühl, welches ich bereits beim Shooting hatte: ‚Brrrrrr ... Nee!'

Doch dann wollte ein männliches Tattoomodel gerne mit mir Shooten. Er fragte, ob ich einen passenden Fotografen an der Hand hätte? Mir fiel dieser Fotograf ein. Ich kannte ja bisher nur ihn in Berlin. Ich fragte also den Fotografen [originale Gesprächsverläufe, Anm. M.C.]:

Ich: ‚Ich wurde übrigens von nem männlichen Model angeschrieben, ob wir mal Pärchenbilder machen wollen im Januar. Hast du Lust das zu machen?'

Er: ‚soll er dich anfassen und ich nicht? Er ist zwar schön tätowiert... aber ob gut aussehend?!!!!'

Ich: ‚Du bist doch vergeben!!! Findest du ihn etwa nicht schön genug für ein Shoot?'

Er: ‚ah komm einmal am PO fassen tut keinem weh.... ich weiß gar nicht, wieso ich so gut zu dir bin und ich hab nicht mal ne Massage für mein Rücken bekommen.'

Ich: ‚tssssss'

Er: ‚echt...meinst sex kommt auch in frage :-D'

Ich: ‚Hallo!!!! Ich muss hier eben noch was erledigen...'

Er: ‚bin schon wieder ganz allein... Frauchen will auch heute nix mit mir machen ...na dann geh ich allein dönner essen ...ciao'

Weiterhin schüttelte ich seine Shootingtermine ab. Dann bekam ich eines Morgens eine Nachricht die alles veränderte:

Er: ‚Morgen.. Ich hab hier ein Bild zum Posten...Dachte du machst es erst mal selbst...'

Was ich dort sah, ließ mir die Tränen in die Augen schießen. Er hat mich heimlich komplett nackt fotografiert und nur die wichtigsten Dinge mit Balken verdeckt. Es war schrecklich! Sowas wollte ich nicht. Ich wusste nicht, dass dieses Bild überhaupt existierte. Ein Albtraum. So wollte ich mich nie präsentieren. Eine Welt brach zusammen. Ich sagte ihm meine Bedenken. Sagte, das ist nicht der Weg, den ich gehen will und ich solche

Bilder nicht möchte. Er hielt daran fest, dass es Kunst ist und ich dort wunderschön aussehe. Er hätte mir ,sogar größere Titten gezaubert und ob mir die neue Körbchengröße nicht gefalle??!'

Ich flehte: ,Bitte poste es nicht – ich fange gleich an zu heulen... was werden meine Familie und Freunde denken?'

Er: ,Wissen die nicht dass du modelst? Meinst das Bild hat etwa kein Geschmack etc.?'

Ich: ,Ich bin kein PornoModel! Das ist zu nackt. Sowas wollte ich nicht! Das war nicht abgemacht. Wo kommt das überhaupt her? Duuu.. Das Bild ist mir zu krass..ich möchte nicht, dass es online geht..'

Er: ,wer Weiß sag niemals nie was machen wir nun mit dem Bild?'

Ich: ,Bitte lösche es.. sowas wollte ich NIE!'

ER: ,Ich werde es benutzen. Es ist Kunst... Es zu löschen ist zu viel verlangt Jess, das weißt du....'

Ich: ,Ich fühle mich gerade ganz schlecht :-(Ich möchte nicht, dass das Foto jemand sieht.. Ich fühl mich gerade ganz schrecklich...'

Er: ,bist eine krass schöne frau es war mir eine Freude dich zu fotografieren. Ich gebe dir einen Deal: Wir shooten nächstes WE, und du musst mich zusätzlich 2 Wochen lang bekochen und Massieren, dann lade ich das Foto nicht hoch. Aber ich kann dir trotzdem nicht versprechen, dass ich es nie benutzen werde.... Das ist doch Fair :-)'

Ich saß heulend und verzweifelt daheim aufm Sofa. Meine kleine Welt brach in diesem Moment zusammen. Wie konnte ich nur so blöd sein? Mein Bauchgefühl hatte mich also doch nicht getäuscht. Ich war verzweifelt. Was konnte ich nur tun? Ich wollte diesen Menschen nicht anfassen. Es ekelte mich. Der soll in meine mir heilige Wohnung? Für ihn sollte ich die Koch-Sklavin spielen? Niemals!

Ich erinnerte mich, dass ich zwei Bekannte im Freundeskreis hatte, die Anwälte sind. Ich schämte mich so sehr, dass ich ein paar Tage zögerte, bis ich um Hilfe fragte. Mein Bekannter war auf Bildrechte/Medienrechte spezialisiert – Gott sei Dank!!! Er schaute sich den kompletten Chat Verlauf an. Wir hatten ausschließlich über den Facebook-Chat kommuniziert und so hatte ich alles schriftlich – das war mein Glück. Sofort setzte er eine Einstweilige Verfügung auf und sie ging per Eilpost ans Gericht. Als der Fotograf Post von meinem Anwalt bekam, erhielt ich folgende Nachricht:

Er: ‚ist angekommen!! Damit hat sich unseres Absprechen erledigt. Kannst dein Sonntag anders planen. Wir sehen uns dann wie gewünscht im Gerichtsaal. Ciao.'

Mir fiel trotzdem ein Stein vom Herzen. Mir wird jetzt geholfen und dieser Mensch wird bestraft. Es dauerte lange, weil er immer wieder Einspruch einlegte und sich auf unseren Knebel-TFP-Vertrag berief, in dem ich alle meine Rechte abgetreten hatte. Allerdings hatte er noch einen großen Fehler gemacht: Er hat mich nicht nur erpresst, sondern aus den Mails ging klar hervor, dass wir uns nicht wegen solchen Aktbildern getroffen hatten. Das war nicht vereinbart und somit der Vertrag als Rechtfertigung hinfällig. Er hatte mich zusätzlich sexuell erpresst – allein das ist strafbar. Nach knapp sechs Monaten gab es das endgültige Urteil: Der Fotograf ist schuldig, er darf keine Bilder von mir mehr verwenden und muss zudem alle Gerichtskosten tragen. Happy Day!

Das war wirklich das Schlimmste, was ich bisher erleben musste und dabei model ich erst seit knapp 15 Monaten. Natürlich sind mir noch andere böse Vorfälle mit Fotografen passiert, aber das ist alles harmlos im Vergleich zu diesem schrecklichen Model-Kapitel. Aber ich habe auch dazu gelernt: Ich arbeite nun nur noch mit ganz wenigen Fotografen zusammen, wähle sorgsam aus und bestehe auf ordentlichen Verträgen. Wenn mein Bauchgefühl ‚Nein' sagt, dann heißt es auch: Nein! Ich achte da ganz besonders doll drauf. Ich mache nix mehr, was sich unschön anfühlt. Enttäuschungen erlebt man trotz Vorsichtsmaßnahmen zwar immer wieder in der Szene, aber sowas Schlimmes passiert mir hoffentlich nicht noch einmal." JESS DANIEL'S im Interview mit mir, 10. März 2015.

JENNIFER STRICKLAND, bereits mehrfach zitierte Buchautorin und Topmodel, schätzte, dass laut ihren Erfahrungen um die neun von zehn Fotografen nette, professionelle Typen sind, die einfach ihre Arbeit tun. Dementsprechend wird einer von zehn in irgendeiner Weise übergriffig oder versucht das Model zu sexuellen Handlungen zu drängen. Bis dato gibt es keine wissenschaftlich fundierte Statistik dazu, wie viele männliche Fotografen nun tatsächlich die Chance, mit den Schönsten der Schönen alleine zu sein, unmoralisch ausnutzen. Es ist allerdings aufgrund von Berichten unzähliger Models davon auszugehen, dass es fast schon eine Normalität ist in diesem Metier. JENNIFER schrieb dazu: *„Mit den Jahren bekam ich zunehmend das Gefühl, mich dauernd gegen* sie verteidigen zu müssen, bis ich schließlich so erschöpft war, dass ich kaum noch kämpfen konnte."

Als sie dann im Laufe ihrer Karriere einen Job in Venedig hatte, stellte ihr ein französischer Zeitschriftenherausgeber namens Damien, der ihr Manager in Europa sein wollte, seinen Sohn als Schutz zur Seite. *„Während wir auf den Zug warteten, sagte Damiens Sohn: ‚Ich habe von deinem gestrigen Shooting gehört.' ‚Ach ja?' ‚Erinnerst du dich an das Fenster rechts im Raum?' ‚Ja.' ‚Weißt du, dass sie diese Shootings extra inszenieren, diese Shootings ohne Kleidung und ohne Stylisten, und das auf der anderen Seite des Fensters Männer sitzen und dich beobachten, während sie ihre Zigaretten rauchen? Sie wollen sehen, wozu sie dich auf dem weißen Bett alles bringen können, damit sie sich einen runterholen können. Das machen sie mit allen neuen Mädchen. Das ist hier so üblich.'"*

Später in ihrem Buch berichtete sie von der schrecklichen Vergewaltigung der damals noch jungfräulichen 17-Jährigen durch den besagten Sohn, ihren Aufpasser. Sie behielt es für sich und blieb sogar bei ihrem Manager, dem Vater des Täters, der sie zurück in der Heimat auch noch versuchte zum Sex zu drängen. Als sie dies ablehnte, wurde sie von ihm nur noch abweisend und kühl behandelt. Ihre beruflichen Chancen wurden aufgrund der Verweigerung somit auch noch eingeschränkt. Kein Wunder also, dass sie sich so fühlte, als müsste sie permanent nur Annäherungen abwehren auf kräftezehrende Weise. Im Folgenden werden übliche Arten von direkten Übergriffen, denen Models im Arbeitsalltag begegnen können, erläutert und weitere erschütternde Erlebnisberichte dazu vorgestellt.

Vorführparties mit Anfasserlaubnis

„Manchmal wollte die Agentur, dass wir zu Partys der Branche gingen, um uns den Kunden zu zeigen. Ich tat, was von mir erwartet wurde. Ich legte Make-up auf, zog mein einziges Paar High Heels an und versuchte zu lächeln." CRYSTAL RENN (2009, S. 87).

Zum üblichen Geschäft gehören Partys für die großen Kunden und reichen Freunde der eigenen Agentur. Ebenso herkömmlich sind exklusive Feiern von namenhaften Modehäusern, veranstaltet für Mitarbeiter oder Geschäftspartner, bei denen Models als Augenschmaus gebucht werden oder sogar unentgeltlich erscheinen müssen. Oft ist es Pflicht für die Models, sich dort zu zeigen. So beispielsweise, wenn die Agentur ein Event selbst ausrichtet oder sich mit großen Kunden gut stellen will. Man fühlt sich vorgeführt und begafft und wird häufig schamlos von den männlichen Gästen angemacht. Ich selbst erlebte sowohl eine Party dergleichen für die höheren Angestellten und die Chefetage eines großen Männerbekleidungskonzernes, bei dem ich und andere nur zum Angucken und Staunen gebucht wurden, als auch unzählige Veranstaltungen für Kunden und befreundete Promis meiner ersten Agentur.

EFFI BERGER wurde über ihre Agentur für einen dieser Jobs gebucht und fand sich auf einer Party fernab von zu Hause in Asien wieder, auf der auch sie als Frau mehr vorgeführt wurde, als wirklich Mode zu präsentieren. Und so kam es im Verlauf des Abends auch zu Übergriffen durch speziell geladene, gut betuchte Gäste:

„Die Show ging los: Wir hatten nichts weiter zu tun, als unsere Hüften einmal im Slalom um die Tische der Etepetete-Gesellschaft Tokios zu schwingen, uns schnell wieder umzuziehen und diesen Parcours noch einmal im nächsten Outfit zu absolvieren. Das war alles. Anschließend durften wir uns sogar noch mit an die Tische setzen [...]. Meine russischen Kolleginnen trieben eine ganz andere Art der Konversation. Ich dachte, ich sehe nicht richtig: Ganz unverhofft glitt die Hand eines älteren Herrn zu meiner Rechten nun ebenfalls nonchalant auf meinen Oberschenkel! Ich sprang auf. Wir waren hier schließlich nicht im Streichelzoo! Der Alte verzog irritiert das Gesicht. Die anderen beiden Models schienen das allerdings gelassen zu sehen. Ich verabschiedete mich mit abschätzigem Blick und eilte zum Aufzug. Diese Party durfte getrost ohne mich steigen!" (2009).

Fotografen als Täter

„Da sehr viel Geld für Fotos gezahlt wird, haben diese Leute auch immer das Gefühl, über dich verfügen zu können" SARA ZIFF (2009).

Belästigungen bei Fotoshootings beginnen meiner Meinung nach bereits bei dem (eigentlich verbotenen) Anfassen und Drapieren des Models durch den Fotografen – also eine unerwünschte körperliche Annäherung. Es ist in der Branche weitläufig bekannt, dass der Fotograf, egal ob Mann oder Frau, das Model keinesfalls berühren darf. Und doch gehört es zum Alltag. So wird an der enganliegenden Kleidung gefummelt, selbstredend nur ‚zum Stofffalten glatt streifen' oder die Fotografen werden durch andere vorgeschobene Vorwände aufdringlich. Einen solchen Körperkontakt der ungewollten Art erlebte ich, als ich SARAH, eine gute Freundin, zu einem ihrer ersten Shootings zu einem Berliner Fotografen begleitete. Sie war aufgeregt, wurde ebenfalls wieder Schritt für Schritt zum Ausziehen aufgefordert. Als sie bereits in Unterwäsche dasaß, strich ihr der Fotograf unentwegt die Haarsträhnen aus dem Dekolleté sowie dem Gesicht. Die junge SARAH war noch unerfahren, von so zarter Statur und aufgedreht durch die Aufregung des Neuen, ließ sich anfassen ohne zu realisieren, dass dies ein unangemessenes, unprofessionelles Verhalten des Fotografen ist und zudem auch unnötig oft wiederholt wurde. Ich griff ein und betonte, dass ich auch noch anwesend bin, dass ich solche Dinge wie die Lage der Haare beheben kann. Er solle nur sagen, was wo hin soll, beziehungsweise was stört in seiner Vision des Bildes. Er zeigte Unverständnis und wurde grimmig. Auch sie verstand meine Einwände nicht.

Eine andere enge Bekannte von mir, FRANZI, wurde bei einem Shooting (ebenfalls in Berlin) durch wiederholte Annäherungen zum Sex gedrängt. Sie glaubte zunächst noch, zu einem professionellen Job zu gehen, bis der Fotograf eine Flasche Wein und Gläser unter dem Bett (der Shootinglocation) hervorholte und begann, sie und das Co-Model anzufassen. Mehrfach wiederholte sie, dass er doch weiß, dass sie einen Partner hat und dass sie das nicht möchte. Sie entfernte sich aus der Szenerie, setzte sich an einen PC und schrieb mir, bat um Hilfe. Er kam ihr nach, näherte ihr sich diesmal von hinten und versuchte sie nun mit einer Massage zu überzeugen. Seine Hand glitt nach wenigen Sekunden wieder zu ihrer Brust. Als sie auch das abschüttelte, widmete er sich dem anderen Model und begann im selben Raum Sex mit der Frau zu haben. Meine Freundin wiederum flüchtete endlich und stand aufgelöst vor meiner Tür. Ich nahm sie auf.

Ein besonders heftiges Erlebnis von sexueller Belästigung schilderte auch Model SENA CECH im Dokumentarfilm ‚Picture Me'. Sie wurde von einem *„sehr berühmten Fotografen, der bekannt dafür ist, dass er sehr sexuell fotografiert"* zu einem Casting eingeladen. Ihre Agentur sagte ihr im Vorfeld dazu, sie müsse *„alles Nötige tun"*, um den Job zu bekommen. Zunächst habe der Fotograf sie aufgefordert, sich auszuziehen und dann anschießend sich selbst ausgezogen. Sie berichtet in der Reportage von ihren damaligen Gedanken: *„Und ich denke mir: Wieso zieht er sich aus, den fotografiert ja niemand?"* Dann habe der Assistent plötzlich das Fotografieren übernommen und das Model aufgefordert, das Glied des Fotografen zu packen: *„Und kannst du ihn auch drehen, er steht darauf, wenn du ihn ganz fest drehst."* CECH machte mit, bekam den Job, sagte dann aber ab und erhielt nie wieder ein Angebot. SARA – das Hauptmodel des Filmes – kommentierte dazu, dass SENAS spätere Absage äußerst unerwartet kam, da die wenigsten der Frauen derart ‚konsequent' seien. Ihnen fehle schlichtweg das Selbstbewusstsein dafür.

Auch Drogen zum Betäuben oder Gefügigmachen tauchen in den Schilderungen auf: *„In einem Vorort von Athen direkt am Meer schien es ganz normal, dass der Fotograf mich auf den Balkon seines Hauses bat, um mir die wunderbare Aussicht zu zeigen. [...] Er brachte mir ein Glas Wein, das ich höflich, wenngleich etwas befangen, annahm, da es nicht üblich ist, einem Model während eines Kundentermins Alkohol anzubieten. [...] Sanft bewegten sich die Wellen und schienen mich zu hypnotisieren. Meine Augenlieder wurden schwer und die Knie schwach. Plötzlich hatte ich das Gefühl, dass sie nachgeben würden, und ich packte Halt suchend das Geländer. Der Fotograf fragte, ob alles in Ordnung sei, und ich bekannte, dass ich mich seltsam fühlte. Er schlug vor, ins Haus zu gehen, bis ich mich besser fühlte, [...]. Er führte mich in sein Schlafzimmer, doch da war ich schon ganz benebelt und hatte das Gefühl gleich ohnmächtig zu werden. [...] Ich bemühte mich mit aller Kraft, die Augen zu öffnen, spürte die Hände mein Rückgrat hinunter wandern und dann wieder hoch. Da packte mich die Angst. Endlich konnte ich die Augen aufschlagen. Es war dunkel, die Luft war feucht. [...] Mit einem plötzlichen Adrenalinstoß setzte ich mich ruckartig auf. Ich krabbelte aus dem Bett und flüchtete aus dem Zimmer zur Haustür. Sie war verschlossen. Während ich mit dem Knauf kämpfte, hörte ich ihn hinter mir herkommen. Ich entriegelte den Schnapper und stürzte auf die breite, leere Straße, die von Villen gesäumt war. [...] Ich irrte, wie mir schien, eine Ewigkeit durch die wohlhabenden verlassenen Viertel am Rande von Athen. Dann bog ich um die Ecke und sah ein Taxi, das auf einem leeren Platz wendete.*

Erstaunt, in dieser Gegend ein Taxi zu sehen, rannte ich los, sprang hinein und sagte dem Fahrer stammelnd meine Adresse. [...] Ich legte den Kopf auf den Rücksitz des Taxis und schlief ein. [...] Als ich aufwachte, lag ich auf dem Bürgersteig vor der Pensione. Eine Hand schüttelte mich. Es war ein Fotograf, der auch in dem Gebäude wohnte. Ich kannte ihn, weil er gerade erst ein Mädchen aus der Pensione dazu überredet hatte, halb nackt für ihn zu posen, und hinterher hatte sie mit ihm geschlafen. [...] Ich mochte ihn nicht. Nichtsdestotrotz trug er mich freundlicherweise in mein Zimmer und legte mich aufs Bett. [...] Schließlich halfen mir die Models, einen internationalen Anruf zu tätigen, und ließen mich allein, sobald ich Trish an der Strippe hatte. ‚Ich bin unter Drogen gesetzt worden. Er hat mir Drogen verabreicht‘, schluchzte ich ins Telefon.“ Jennifer Strickland (2012, S. 75).

Agenturmitarbeiter als Täter sexueller Gewalt

Um die Jahrtausendwende gab es einen riesigen Skandal um die Agentur ‚Elite Models‘. Der damalige Europa-Chef und Elite-Mitbegründer Gerald Marie hatte BBC-Reporterin Lisa Brinkworth vor versteckter Kamera umgerechnet ca. 450 Euro für eine Nacht geboten. Sie gab sich zu der Zeit als Model-Anwärterin aus. Auch nach Veröffentlichung des Berichtes und seiner vorrübergehenden Suspendierung, fand Gerald Marie, laut eigener Aussagen in anschließenden Interviews, nichts Verwerfliches an seinem gezeigten Verhalten. Einem männlichen BBC-Mitarbeiter erzählte der gleiche Mann in der einjährig gedrehten Undercover-Berichterstattung, dass er plant die Siegerin seines veranstalteten Modelcontests abzuschleppen. Das Durchschnittsalter der Teilnehmerinnen lag bei 15 Jahren. *„Mit Contest-Teilnehmerinnen ist es nicht anders als mit Nutten. Wir sind deren Zuhälter“*, sagte Olivier Daube, damaliger Direktor von Elite-New York, vor laufender, ebenfalls versteckter Kamera. Er findet: *„Nutten oder Model-Aspirantinnen, das ist doch dasselbe.“* Die jungen 14-, 15- oder 16-jährigen Kindfrauen, die den Betreuern der Agenturen zur Obhut gegeben wurden, fanden sich im fremden Land zu Sex und Drogenkonsum gedrängt. Sie kamen nach wenigen Monaten als totale Wracks wieder nach Hause. Ein Betreuer der Elite-Agentur Mädchen, der fettleibige Daniele Bianco, prahlte in dem Aufdeckungsbericht damit, mit 325 seiner Schützlinge geschlafen zu haben, viele davon minderjährig. Er gab sogar damit an, wie einfach es sei, sie zum Sex zu bewegen sobald sie ihm vertrauten. Man wolle doch aber auch nicht *„der Bäcker sein, der keinen Kuchen isst"* – das schichtweg widerwärtige Zitat des damals zuständigen Chefs GERALD MARIE zu ihrer Sicht auf die Einsteigerinnen. Es war zu der Zeit eine übliche Praxis, den Mädels den Einflug und andere Kosten vorzustrecken und sie dann als Augenfutter in Discos oder als Begleiterinnen für Kunden und Freunde zu verfeuern, falls sie nicht schnell genug die investierten Ausgaben wieder einspielten. Auch heute noch erzählt man unter der Hand von solchen Abkommen zwischen Agenturen und beauftragten PR's.

Der BBC-Bericht zeigte, dass die PR's oft Geld dafür bekamen, die Models in die Clubs zu bringen und noch mehr, wenn sie jene in die Betten bestimmter Männer bugsierten. Die jungen Models hatten aufgrund von Drohungen und dem Druck Angst über ihre Erfahrungen zu reden – laut Branchenkennern das ‚Gesetz des Schweigens' genannt. Und so kam der Enthüllungsbericht sehr willkommen für die Opfer – die meist Jüngsten der Branche, die Anfängerinnen: oft erst 13 oder 14 Jahre alt. Nun erlebten solche schrecklichen Schicksale nicht ausschließlich die hunderten, damaligen Nachwuchsmodels der Eliteagentur, sondern die ertappten Mitarbeiter empörten sich über die Negativpresse mit den Worten, dass es doch in New York und London noch viel schlimmer aussehe.

Und auch hierzulande sind solche Geschehnisse traurige Realität. Erst 2012 gab es auch in Deutschland einen Skandal um Missbrauchsfälle minderjähriger Models mit großen Träumen. Oberstaatsanwalt HARALD KRUSE: *„Es geht um sexuellen Missbrauch von Minderjährigen in neun Fällen."* Der Täter: der Modelagent MICHAEL M. Der vermeintliche Agent, der mit seiner Masche jugendliche Mädchen zu sich einlud, ihnen eine Karriere als Model in Aussicht stellte, nur um dann Nacktfotos von ihnen zu machen. Auch versprach er ihnen Geschenke für Sex oder er missbrauchte oder vergewaltigte sie gleich, während der Fotoaufnahmen oder dem Aufenthalt bei ihm – dies auch mit Hilfe von Betäubungsmitteln.

Die Anklageschrift umfasste somit eine lange Liste von Taten: Vergewaltigung, schwerer sexueller Missbrauch von Kindern, sexueller

Missbrauch Widerstandsunfähiger und auch Besitz und Verbreitung kinderpornografischen Materials.

Erst als sich eine 13-Jährige ihrer Mutter anvertraute und sagte, dass er sich an ihr vergangen habe, kamen weitere Fälle ans Licht und er konnte festgenommen werden. Der 46-Jährige sprach voller Unverständnis von einer fiesen Hetzkampagne und Undankbarkeit der Models ihm gegenüber: *„Die Models wissen genau, um was es geht."* Er hatte für alle Vorwürfe eine Erklärung parat: wenn er die Teenagermädchen am Oberschenkel berührte, war es lediglich *„um die Fettpölsterchen, die da nicht hingehören, wegzumassieren"*. Von *„Kusstrainings"* und sogar dem Vortäuschen eines Orgasmus für ein Video erfuhr man in den Berichterstattungen – das alles stellte er unverfroren als *„normales Model-Geschäft"* dar. Er bestritt 2013 vor Gericht weiterhin, völlig überzeugt von seiner Unschuld, eine 14-Jährige vergewaltigt zu haben mit den Worten: *„Wir hatten eine businessinterne Beziehung, da ist es normal, dass die Models mit Agenten, Managern, Fotografen schlafen."*

Gesetz und Recht

„Diese Branche hält sich für etwas Besonderes, und die Menschen, die darin arbeiten, finden so etwas wie ein Arbeitsrecht völlig profan." Model DUNJA KNEZEVICH (2009).

Bei der Vielzahl an Erlebnisberichten der bedrängten und misshandelten Frauen, drängt sich der Eindruck auf, dass dies vermutlich eine der Branchen mit den größten Schwarzzahlen über Diskriminierungs-, Misshandlungs- und Gewaltanwendungs-Straftatbeständen ist. Ich kann mich nur wiederholen, dass die Opfer meist zum Arbeitseinstieg noch minderjährig sind. Zudem sind die freiberuflich oder selbstständig arbeitenden Frauen arbeitsrechtlich schwer benachteiligt im Vergleich zu vertraglich geregelten Arbeitsplätzen und den damit verbundenen Schutzmöglichkeiten (Beschäftigtenschutzgesetz – BeschSchG). DUNJA KNEZEVICH, ein kroatische Model, hat gemeinsam mit ihrer Freundin und Kollegin VICTORIA KEON-COHEN in Großbritannien erwirkt, dass Models von der Schauspielergewerkschaft Actor's Equity vertreten werden können. Die beiden stellen neben den genügsam klingenden Forderungen nach geregelten Arbeitszeiten (insbesondere für Minderjährige), Unfallschutz, dem Bereitstellen von Essen auf Shootings, auch explizit die Forderung nach speziellen Hilfen bei sexueller Belästigung. Das verdeutlicht auch ein weiteres Mal, dass es sich nicht um Ausnahmefälle handelt, sondern diese Missstände als ein großes Problem der Industrie zu betrachten sind. Seit einem Jahr macht nun die Actor's Equity in der britischen Modeindustrie Lobbyarbeit. Es ist dringend notwendig, einen offenen Dialog für derartige Fälle zu schaffen und den jungen Frauen Schutz und Hilfe zu bieten. Dies sind keine Einzelfälle!

4.2.5 Rassismus

„Afrika wär so schön, wenn's da nur Weiße gäbe." Ex-Elite(-Agentur)-Direktor OLIVER DAUBE in der Reportage ‚MacIntyre Undercover'.

Erst im Zuge meiner Recherchen stieß ich auf ein weiteres Problem dieser Branche. NAOMI CAMPBELL kritisierte 2007 sie sei während ihrer gesamten Karriere nur achtmal auf dem Cover der ‚VOGUE' gewesen - KATE MOSS hingegen 24-mal. Nun könnte man zunächst noch mutmaßen, dass diese Zahlen auf die Modelqualitäten oder die Beliebtheit von MOSS zurückzuführen seien und nicht auf Rassismus. Betrachtet man dann aber den kulturellen Mix der Models auch auf anderen Covern großer Magazine oder auf den Laufstegen der Welt, kann man das Problem kaum noch schönreden. Die einzigen akzeptierten farbigen Models des 1990er Booms hatten alle europäische Züge, oft durch geglättete Haare, durch mit Cremes gebleichter Haut und schmal operierten Nasen. Ich recherchierte einen stetig wiederkehrenden Wortlaut bei Absagen durch Agenturen: *„Kein Interesse, denn wir haben schon ein schwarzes Model."* Viele weitere Quellen und Erfahrungsberichte erzählten ebenfalls von Diskriminierungen aufgrund von Hautfarbe und Herkunft und das schon seit Beginn der Modebranche. So zog das Model HELEN WILLIAMS 1960 lieber nach Paris, Frankreich. Nachdem sie mit 17 entdeckt wurde, aber im Amerika der Zeit ausschließlich helle Hauttypen gefragt waren, wählte sie den Wegzug als Karrierechance. Dort in Frankreich angekommen, modelte sie schnell für die berühmtesten Designer, wie CHRISTIAN DIOR und JEAN DESSÈS. Doch sie wollte zurück nach Amerika. Es hatte sich nur nichts geändert, als sie zurückkam. Bei Agenturen wurde sie abgelehnt mit dem bereits bekannten Satz: man bräuchte ja nur ein schwarzes Model. Und so nutzte sie ihre positiven und gleichsam sturen Charakterzüge und kontaktierte die Presse, die über das Rassismusproblem berichteten und somit eine erste Veränderung in den USA anstoßen.

Donyale Luna war dann das erste farbige Model, das jemals auf einem ‚VOGUE'-Cover erschien. Es war nicht das amerikanische, sondern die britische Ausgabe des eigentlich so avantgardistischen Fashionmagazines im März 1966. Ein großer Schritt für die damalige Zeit. Gerüchte besagen jedoch, dass sie, um ihre Ethnizität zu verschleiern, den Hauptteil ihres Gesichtes mit der Hand bedecken musste, aufgrund von Anweisungen der Redakteure. Scheinbar war ein offensichtliches Cover mit einer Frau afroamerikanischer Wurzeln doch noch etwas zu gewagt für die britische Zeitungschefetage. Seit 1916 gibt es dieses Magazin in Großbritannien schon. Obwohl sie demnach weltweiter Vorreiter waren mit diesem Multikulti-Cover, handelte es sich faktisch davor um ganze 50 Jahre gelebten Rassismus in der Modelauswahl.

Katiti Kironde wurde dann schon wenig später, im August 1968, das erste farbige Model, die das begehrte Cover des amerikanischen ‚Glamour' Magazines schmückte. Die Studentin der weltbekannten, renommierten Harvard University, war gerade 18 Jahre alt, als sie sich bei der Zeitung um einen Wettbewerb der ‚Top 10 bestgekleidetsten College Mädchen' bewarb und gewann. Die zuvor bereits 30 Jahre erscheinende Zeitung publizierte nicht nur das erste Mal ein farbiges Model auf dem Cover, es war auch ein Meilenstein der amerikanischen Fashion-Industrie allgemein. Es handelte sich schließlich um das erste Cover eines großen Mainstream-Modemagazines mit einem farbigen Model in Amerika. Weltweit verkaufte sich diese Ausgabe des Blattes mehr als zwei Millionen Mal und wurde so das ‚Glamour' Magazin mit den besten Verkaufszahlen aller Zeiten.

„You mean there's never been a woman of colour on the cover of Vogue magazine? Are you kidding me? We're in the 1970s." – „Du sagst es gab wirklich noch nie eine Frau mit dunklerer Hautfarbe auf einem Vogue Cover? Willst du mich verarschen? Wir sind doch in den 1970ern." - Dieses Zitat des Models Beverly Johnson, welche acht Jahre später auf dem amerikanischen Cover der ‚VOGUE' landete, fasst recht gut zusammen, wie zwiegespalten ihre Gefühle waren, als sie von ihrer Veröffentlichung erfuhr. Es war zwar ihr großes Ziel auf diesem Cover zu landen, doch war ihr nicht bewusst, dass sie damit ein Tabu in Amerika brach

und in die Mode-Geschichte einging mit ihrem Cover. Pressevertreter aus Europa und Afrika interviewten die damals 21-jährige BEVERLY und lobten sie für diesen Schritt mit Worten wie: ‚Es wurde aber auch Zeit das Amerika aufwachte.' Dadurch begriff sie schlussendlich, dass dieses Cover ein großer Deal war, auch in politischer Hinsicht. Ein Jahr später zierte sie die ‚Elle' als erstes farbiges Model – einem weiteren einflussreichen Frauenmagazin.

Die ‚New York Times' bezeichnete sie als eine der einflussreichsten Personen auf die Fashionszene des 20. Jahrhunderts. Wohnhaft in einer komplett weißen Nachbarschaft wuchs sie weitgehend ruhig auf, fern von den ganzen rassistischen Spannungen im restlichen Land. Ihre Eltern sprachen nie über Rassen und so sagte sie: *„Wir lernten, dass alle Menschen gut und gleich sind und ich wusste nicht, dass diese Art von Intoleranz in dieser Welt existierte überhaupt."* Später als Teenagerin wurde sie das erste Mal in ihrem Leben rassistisch beleidigt und auch noch gleich mit Flaschen beworfen, als sie sich außerhalb ihrer Nachbarschaft bewegte. Sie war einfach nur geschockt. Während sie Politikwissenschaft studierte, überredeten sie Freunde, mit dem Modeln zu beginnen, aber sie hatte es schwer: *„Jeder lehnte mich ab. Die Eileen Ford Agentur sagte mir, ich sei zu fett. Und dann drei Tage später rufen sie zurück und sagten ‚Oh, du hast so viel Gewicht verloren!' Aber ich hatte nicht ein Pfund verloren."* Für BEVERLY war das die erste Lektion des Business und sie fasste deren getroffene Aussagen ungeschönt mit den Worten *„Ein Haufen Bullshit."* zusammen. Die Ford Agentur revidierte ihr hartes Urteil, nachdem sie mitbekamen, dass BEVERLY bereits haufenweise Aufträge von großen Kunden wie dem ‚Glamour' Magazin bekam. Nun betonten die Agenturmitarbeiter im Gespräch aber auch, dass sie es vergessen kann, jemals auf der ‚VOGUE' publiziert zu werden. Das hat sie aber nicht von ihrem Traum abgehalten und sie gab EILEEN FORD und ihrer Agentur voller Stolz einen verdienten Laufpass. Farbige Models hatten durchaus Jobs in den 1970ern, aber sie erschienen hauptsächlich nur in Magazinen, die auch auf ein afroamerikanisches Leserpublikum abzielten. Mit Toleranz und Akzeptanz aufgewachsen, sah Model BEVERLY JOHNSON allerdings nicht ein, warum Schönheit in Schubladen gehörte und irgendwie in verschiedenen Magazinen voneinander getrennt werden muss. Vielleicht ermöglichte ihr gerade diese unbeschwerte offene Sichtweise die Welt (etwas) zu verändern. Es gab zunächst nicht einmal Analogfilme, die für den Hautton der farbigen Models geeignet war. Zusätzlich verweigerte KODAK anfänglich die Entwicklung und Produktion dieser speziellen Weiterentwicklung. Auch bei Stylisten stießen die damaligen Models auf rassistische Gegenwehr, denn einige verweigerten deren Haare und Haut überhaupt anzufassen. Amerika bekam Druck aus dem Europa der Zeit, die mit Toleranz und Multikulti in der Modeszene schon viel weiter waren. Und auch Leserumfragen oder Votings zeigten, dass die Leserschaft der Modezeitungen bereits einige Lieblinge unter den farbigen Grazien hatten und folglich die Zurückhaltung oder gar der Rassismus der Agenturen und Magazine schon längst abgelegt gehörte. Später in den 1980ern, zu den Hochzeiten der Topmodels, waren auch farbige Models unter den Topmädels der Zeit, doch hatten sie alle, wie zuvor erwähnt, starke europäische Züge.

Und um die Jahrtausendwende? Was hat sich verändert? Sind die veralteten rassistischen Vorurteile und Diskriminierungen passé? *„Ob es mir gefällt oder nicht, meine Haut definiert mich."* ALEK WEK (2008, S. 179). Fotograf/inn/en lichteten das wunderschöne Model ALEK WEK ständig mit Speeren und Fellen ab. Als das sehr dunkelhäutige Model 1997 auf dem Cover des ‚Elle'-Magazines in Amerika abgedruckt wurde, schien sich die gesamte Presse auszulassen mit Formulierungen über die *„die brikettschwarze Frau mit der breiten Nase, den vollen Lippen, den schiefen Zähnen"* und *„dem Hintern, auf dem man"*, wie einige Journalisten schrieben, *„einen Bierkrug abstellen"* könnte (Stern 2007). Verletzt auch von der Behandlung von Auftraggebern, die sie immer wieder als primitive Ureinwohnerin darstellten, sagt ALEK WEK dazu: *„Ein Witz, der wehtut, ist kein Witz mehr." „Der Rassismus ist überall zu Hause"*, formulierte sie in ihrem Buch. ALEK ist im südlichen Sudan geboren und floh früh mit ihrer Familie dank eines Flüchtlingsvisums nach London. Mitte der 1990er Jahre galt die außergewöhnliche Frau als erfolgreichstes afrikanisches Model der Zeit. Sie wurde von Magazinen zum ‚Model des Jahrzehnts' gekürt und von anderen zu den ‚50 schönsten Menschen' der Welt. Sogar zu einem der ‚50 einflussreichsten Gesichtern in der Mode' wurde sie ernannt. Bei ihrer Karriere hat ihre Hautfarbe sowohl geholfen, als auch Probleme bereitet, sagt sie rückblickend. In ihrem eigenen Buch ‚Nomadenkind' berichtet sie eindrucksvoll von ihrer Flucht als Achtjährige aus dem Sudan nach London, von ihrem harten Weg zum Erfolg und beruflichem sowie alltäglichem Rassismus. So landet sie regelmäßig auf ihren beruflichen Flügen zur näheren Untersuchung in den Räumen, die für Terrorismusverdächtige, illegale Einwanderer und dergleichen vorgesehen sind. Sie wird dort oft stundenlang festgehalten. Einmal wollte man ihr trotz Boardkarte den Zugang zu der Businessclass-Lounge verwehren. Sie wären sich nicht sicher, *„ob man ihr gestatten dürfte sich dort aufzuhalten."* Das muss man sich mal vorstellen! Sie hat alles gebucht und ordnungsgemäß bezahlt. Trotzdem wird ihr der Aufenthalt in der besseren Klasse verwehrt, *„weil sie dort wohl nicht hingehört"*?? In einem aktuellen Interview fragte man sie: *„Sehen Sie sich als Model oder als schwarzes Model?"* und sie antwortete darauf lachend: „Also in erster Linie sehe ich mich als Frau, dann als Model. Schwarz ist meine Hautfarbe." (2014).

„Die Abwesenheit verschiedener Ethnien ist nicht nur diskriminierend für aufstrebende Mannequins, sondern auch für eine riesige Käuferschicht. Immerhin inspirieren Modeschauen und -magazine Konsumenten und bestimmen ihre Wahrnehmung", schrieb CLAUDIA PIENTKA 2007 in einem ‚Stern'-Bericht über die immer noch ausbleibenden Buchungen für farbige Models auf den führenden Shows der Branche. In ihrem damaligen Bericht fragte sie auch Personen in Entscheidungspositionen nach den Gründen für die rein weißen Laufstege und natürlich wies auch bei diesem Problem jeder schnell die Schuld von sich und/oder schob es auf den Anderen. Demnach behaupten die Agenturen, dass ihnen nur *„kaukasische Typen von Mädchen"* geschickt werden und die Agenturen erklären, dass nur nach hellen Mannequins gefragt wird. Man macht es sich einfach, wie so oft. Europäisch ist eben der dominierende Typ in der Modewelt – ein Fakt. Aber was Gleichstellung und Chancengleichheit entgegen rassistischer Tendenzen angeht, sind eben Agenturen, Designer und Magazine sowie andere Medien allesamt dafür verantwortlich etwas zu verändern – beim Thema Rassismus ebenso, wie bei anderen Problemen wie dem vorherrschenden Magersucht-Look der Models. CLAUDIA PIENTKA recherchierte für ihren Bericht einen weiteren auslösenden Faktor für die diskriminierenden Tendenzen, welcher die *„industrielle Organisation der Modeunternehmen sei. Viele einstige Fami-*

lienbetriebe wurden aufgekauft von Großkonzernen, die ihr Geld mit dem Geschmack einer weltweiten Klientel verdienen – und der wird von Jahr zu Jahr konservativer und nivellierter." Demnach haben ein weiteres Mal auch die Geldgeber den Finger darauf, was ‚in' ist, Publizierung findet und somit Geld einbringt.

Die Punkrockdesignerin VIVIENNE WESTWOOD forderte eine Quote für schwarze Models in Veröffentlichungen. Vielleicht wäre das ein Schritt voran, auch wenn dies gewissermaßen ein auferlegter Zwang für die Magazine bedeutet. Sie sollten doch eigentlich als die ‚Macher' der Vorbilder, selbst ein gewisses ethisches Interesse besitzen. Aber das können sie ja auch nicht bei der Sexualisierung Minderjähriger vorweisen, der Kindfrauen und auch nicht bei dem Präsentieren von offensichtlich essgestörten Frauen.

4.2.6 Drogen- und Alkoholkonsum

„Das Problem war, dass die Leute auf den Shootings mehr daran interessiert waren, die Einspritznarben zu verbergen, als ihr zu helfen." GIA CARANGIS ehemalige Geliebte nach deren Tod.

Dem Modegeschäft hängt seit Jahrzehnten bereits der notorische Ruf der Alltäglichkeit des Drogenkonsums nach. Viele der jungen Frauen haben Probleme, dem konstant hohen Stresspegel und eigenen Unsicherheiten Stand zu halten. „Die anderen polterten immer mitten in der Nacht zugekokst durch die Wohnung. Ich hab abends Whisky getrunken, damit ich einschlafen kann. Vorher hab ich mich aufs Dach gesetzt und gelesen und geschrieben. Um mich irgendwie zusammenzuhalten. [...] Neufassungen der immer gleichen Depression: Ich bin allein, ich will nach Hause, die haben hier alle einen Dachschaden." Model ‚KERSTIN' zum ‚brandeins' Magazin. Die Betroffenen flüchten sich in Drogen und Alkoholkonsum um den Modelalltag auszuhalten und/oder ihren Appetit zu zügeln. „Wir ballern uns lieber die Birne voll, als mühsam zu hungern", erklärte dazu auch Model KIM FURORE.

Ein weiterer Auslöser ist dazu womöglich die stetige Verfügbarkeit der Mittel. Über 76 Prozent der befragten Models einer kleinen Studie bekamen laut ihrer Aussage während eines Jobs bereits Alkohol oder Drogen angeboten. Über 50 Prozent wurde sogar Kokain offeriert. Manche der jungen Seelen können nicht mit dem Überschwall am Drogenangebot in Verbindung mit dem Ballast des Joballtags umgehen und lassen sich verleiten. In der Musik- und Clubszene ist das Thema Drogen noch präsenter und wird offener ausgelebt. Dieser Gefahr finden sich dann all jene junge Mädchen ausgesetzt, die sich auf die Angebote der Party-Promoter einlassen, die die Frauen nach Castings und in ihren Hotels abfangen und in Clubs bringen. Üblicherweise ist in den Modelverträgen nichts von Drogenkonsum und den Folgen für die Vertragsparteien zu finden. Leidet das Ansehen einer Firma allerdings aufgrund einer drogenbasierten Negativpresse, dann dürfen sie unter Umständen dem Model kündigen oder eine Verlängerung des Kampagnenvertrages ausschließen. So erging es auch Topmodel KATE MOSS, als sie vor ein paar Jahren beim Koksen in einem Filmstudio gefilmt wurde. Sie verlor gleich mehrere große Werbeverträge. Neben den Hungerzüglern ist vor allem Kokain seit den 1990ern als ‚die' Model-Droge bekannt. Sie hilft den jungen Menschen gegen die Müdigkeit und gibt Selbstvertrauen, macht wach und fit beim Feiern oder Arbeiten, nebst all den negativen Nebenwirkungen, die die Droge mit sich bringt. Auch Supermodel NAOMI CAMPBELL gab gegenüber dem Fernsehen zu, Kokain genommen zu haben. Sie beteuerte weiterhin, dass diese Droge der Grund für ihre weltweit bekannten damaligen Ausraster war: *„Es ist eine sehr gemeine Droge. Man wird leicht reizbar. Der Zauber verfliegt, das Leuchten im Gesicht verschwindet."* Auch CARA DELEVINGNE, das momentan weltweit beliebteste Model seit 2013/2014, flog aus Versehen ein kleines Päckchen mit weißem Pulver vor ihrer Wohnung aus der Tasche. CARA wurde dabei von Paparazzi fotografiert und löste einen Drogenskandal aus. Auftraggeber wie ‚H&M' und ‚Victoria's Secret' nahmen lieber Abstand und kündigten ihre Verträge. Online tauchten danach zudem noch Bilder von ihr, einen Joint-drehend und Pot-rauchend auf. Doch sie kämpfte sich an die Spitze der Models zurück und gehört weiterhin zu den Höchstverdienern aktuell. Und das alles trotz dem Konsum oder vielleicht auch gerade deswegen? Bei der Jugend wird sie uneingeschränkt gehyped, gerade wegen ihrer unkonventionellen, frechen Art. Den aktuellen Geist der Jugend trifft sie perfekt, exakt in der Art, wie sie sich präsentiert. So ist es auch nicht verwunderlich, dass eine ihrer letzten Skandalaktionen im April 2014 kaum bis keine Gegenwehr fand, sondern von Fans noch positiv aufgenommen wurde.

Sie stellte ein Bild von sich – Rauch ausatmend – online, mit dem Text: ‚Happy belated ‚420 x' – ein Bekenntnis zur jährlichen ‚4/20' Feierlich-keit, bei dem sich Marihuana-Raucher zur Droge bekennen. 2014 wa-ren so gut wie alle Bekleidungsgeschäfte, die eine Zielgruppe von Ju-gendlichen bis jungen Erwachsenen bedienen, übersät von Stoffen mit Marihuanablätter-Drucken. Auch Alkohol- und Kokain-Verherrlichung fanden sich auf Shirts und Sweatern.

Models und vor allem solche, die im Fokus der jungen Heranwach-senden stehen, sollten sich ihrer Vorbildfunktion bewusst sein und viel-leicht nicht öffentlich gefährlichen Konsum zelebrieren. Ein Bewusst-sein für Suchtprobleme wird geschaffen, wenn Frauen aus der Szene offen über ihre Erfahrung mit dieser Problematik sprechen und somit auch in diesem Bereich einen Dialog ermöglichen. AMBER VALETTA zum Beispiel arbeitet seit nunmehr 20 Jahren erfolgreich als Model und Schauspielerin und öffnete sich 2014, erst mit 40 Jahren, 15 Jahre nach ihrer Sucht, zum Zwecke der Thematisierung in der Öffentlichkeit. Sie betonte in ihrem Geständnis der Drogenvergangenheit ausdrücklich: im Modelbusiness sind Alkohol und Drogen allgegenwärtig. Ob eine junge Dame auf ihrem Weg auch zugreift, hängt von verschiedensten Faktoren ab. Einige erklärten, dass der Job viel zu anstrengend sei, um Drogen einzunehmen und die geringe Freizeit bis zum nächsten Job am Morgen auf Partys zu verbringen. Wenn jeden Tag hunderte Menschen auf einer Modenschau an ihnen rumzerrten, seien sie froh, die Hotel-tür zum Feierabend hinter sich schließen zu können und ihre Ruhe zu genießen. Manche erzählten auf der anderen Seite, der stetige Druck, verbunden mit den unmöglichsten Arbeitszeiten, sei anders oft nicht zu ertragen, dass sie kraftlos waren oder der Hunger sie quälte und sie daher zu den Drogen griffen. Es ist demnach wohl auch eine Typ-Frage.

Ein Model, welche die Belastung nicht mehr alleine kompensieren konnte, wurde dadurch für einen langen Zeitraum heroinabhängig. Sie begann damit, als sie mit 15 zum Arbeiten als Model nach New York kam, verlor später sogar ihren Freund an die Droge und erinnerte sich an die Zeit zurück: *„Und so ging ich aus und feierte, und ich gerate etwas in Schwierigkeiten. Ich erreichte einen Punkt, wo sie sogar bereit waren, mich zurück nach Hause zu schicken. Ich verpasste Flüge, ich verpatzte Jobs. Aber ich denke, dass jedes Mädchen, das nach New York kommt* *durch dieses Stadium geht. Weißt du warum? Weil du an den absoluten Tiefpunkt ankommst, wenn du so ausgelaugt und fertig bist vom Feiern. Und du bist so deprimiert, und das ist dann der Moment, wenn du die Entscheidung treffen musst, ob du dich sinken lässt, oder du schwimmst und ich habe mich entschieden, ich werde schwimmen. Und dann siehst du Mädchen, die gerade jede Hoffnung aufgegeben haben, und die verkommen dann. Die erfolgreichen Mädchen machen aber sowas nicht. [...] Ich erinnere mich an die Zeiten, in denen ich so alleine war ... ich schrie und schrie, dachte mir: Gott, ich werde niemals nur ein Kind sein dürfen. Gott, ich weiß nicht mehr, was ich machen soll. Bis zu einem Punkt, an dem ich so weit unten war und keinen Glauben an nichts mehr hatte. Ich könnte zurück gucken und sagen: Oh mein Gott, ich hab so jung so viel erlebt, ich hab zu viel gesehen, Ich hätte nicht durch all diesen Schmerz gehen sollen in so jungen Jahren. Ich könnte mich selbst bemitleiden."* JAIME KING (2013).

Mein Umgang und Erfahrungen mit Drogen in der Szene

Seit meinem 17. Lebensjahr lebe ich nun bereits ‚Straight Edge', also drogenfrei. Mir wurden noch nie Drogen auf Shootings angeboten, auch nicht auf den größeren Produktionen meiner Karriere. Ich kam beruflich lediglich damit in Kontakt, als ich für Musikvideos einer Band engagiert wurde und mich weiterhin freundschaftlich mit ihnen traf. Dort bemerkte ich, dass Koksen zu ihrem Alltag gehörte. In der Szene war ich die Außenseiterin mit meiner Einstellung. Alkohol wurde mir auf Shootings öfter offeriert. Ansonsten präsentiere ich mich im Internet immer schon sehr öffentlich drogenfrei lebend, so dass mir wohl dadurch viele Angebote erspart blieben und bleiben. Meine Vorbildfunktion, was auch besonders diesen Bereich betrifft, wird mir regelmäßig von den Fans bestätigt. Ich habe bei Facebook ein E-Mail-Postfach sowie ein reales Postfach bei der Deutschen Post für Fanbriefe. Diese beinhalten immer wieder stolze Berichte, dass die jungen Menschen von mir inspiriert wurden, fortan ebenfalls vegan oder ‚Straight Edge' zu leben. Das und im Besonderen auch der Zuspruch, eine Steigerung ihres Selbstwertgefühles sowie ein positiveres Körperempfinden angestoßen zu haben, freut mich natürlich sehr und ermutigt zum Weitermachen, trotz all der angesammelten persönlichen negativen Erfahrungen.

Allerdings wird mir dadurch auch mit großem Wehmut bewusst, wie stark der Einfluss der ganzen schlechten Vorbilder in der Mode- und Promiwelt ist. Diese Personen haben teilweise Millionen Follower (= Fans) im Internet auf Instagram-/Facebook-Portalen. Bei mir sind es hingegen nur ein paar Zehntausend. Sogar Freundinnen und Bekannte von mir, die ebenfalls als Models tätig sind, veröffentlichen stetig Alkohol und Drogen verherrlichende Bilder, feiern Alkoholeskapaden und rufen sogar Fans zum regelmäßigen Trinken auf. Vermutlich versuchen sie so, ihr eigenes Verhalten zu legitimieren und zu verharmlosen, dass sie diese Welt nicht ohne Drogen meistern können. Klingt das nun wie ein erstrebenswerter Beruf für Sie?

Foto: © Rica Rosa Photography

5 Zum Schluss

„Wenn es gut läuft, verdient man als Model so viel Geld,
dass man denkt: das ist der Preis, den ich zahlen muss"
SARA ZIFF (2009)

5.1 Fazit Traumberuf und Realität

Die in dieser Publikation ausführlich vorgestellte Industrie ist geprägt von selbst erschaffenen Schönheitsdiktaten. Viele Regeln, nach denen sich die Models zu richten haben, sind moralisch nicht vertretbar. Doch es zählt der Profit und nicht die Gesundheit der Frauen. Es wurde aufgezeigt, dass der Beruf des Models keinesfalls so erstrebenswert und glamourös ist, wie er zunächst wirkt. Oft ist es mehr Schein als Sein und Celebrities sind eben auch Meister des schönen Seins. Das Leben ist nie nur perfekt. Es läuft nie alles, wie man sich es wünscht und erträumt.

Die Mädels erwarten Gesundheitsschädigungen durch den ungesunden Lebensstil, die hohen Schuhe, den psychischen Druck und die Einsamkeit wechselnder, fremder Hotelzimmer und mangelnder Kontakte. Die schöne Fassade der Modeindustrie beinhaltet in der Rea-lität ein umfassendes Ausmaß an ethischen und moralischen Missständen, die niemand der Schuldigen so recht überwinden oder auch nur verbessern möchte. Der Mensch an sich zählt nichts, sondern wird nach seiner Leistung und seinem Aussehen beurteilt.

So zeichnet sich deutlich dieses Bild ab: Innere Werte sind hier nicht nur sekundär, sondern sogar gänzlich unwichtig. Dieser angebliche Traumberuf ist für die meisten Models doch recht negativ belastet, auch wenn die Mehrheit der Gesellschaft fehlgeleitet ist von dem schönen, durchgestylten Schein des präsentierten Endproduktes auf den Laufstegen und Werbeprodukten.

„Ich bin nicht schön. Ich bin lang und dünn und blass, und meinen Busen muss man mit der Lupe suchen. Models fallen nicht vom Himmel. Wir

müssen ackern und sexy gucken und grinsen, kokett und schmeichlerisch, wir sollen dies und das und dürfen fast gar nichts." SUSANNE FÜLSCHER (1997, S. 1).

„Erinnern Sie sich daran, als Marilyn Monroe starb? Alle unterbrachen ihre Arbeit, und den ganzen Tag sah man den selben Ausdruck auf den Gesichtern, den selben Gedanken: ‚Wie kann ein Mädchen mit solchem Erfolg, Ruhm, Geld, mit solcher Schönheit ... wie konnte sie sich töten?' Niemand konnte das verstehen, weil das die Dinge sind, die jeder will. Und sie können nicht glauben, dass Marilyn Monroe dieses Leben nichts wert war – oder dass ihr Leben anderswo war." MARLON BRANDO.

Und doch gibt es auch die andere Seite – die glücklich arbeitenden Frauen der Branche. Sie sind alltäglicher Oberflächlichkeit ausgeliefert, Stress und Druck, werden innerhalb der Arbeitszeit permanent angebaggert und haben es trotzdem gemanagt, irgendwie ihren Platz zu finden. Es benötigt neben einer guten Agenturvertretung, viel Willensstärke und Ehrgeiz, eine gewisse Stressresistenz, Coolness gegenüber dem sexistischen Umfeld und viele andere Qualifikationen. Es ist möglich. Trotzdem läuft auch bei ihnen nicht alles perfekt, sondern mit Höhen und Tiefen – ganz so, wie das Leben eben ist. Wer es also jetzt immer noch nicht weiß: das Fernsehen lügt! Es ist nicht alles Glanz und Glamour, sondern ein harter Job, aber es ist machbar!

5.2 Meine persönliche Bilanz

Weiß man, dass hinter jedem schönen Bild ein Team hart arbeitender Menschen und viel Manipulation stehen, verfliegen schnell allerhand Traumvorstellungen und die damit einhergehende Faszination. Arbeitet man selbst nun eine Weile in diesem Job, erscheint einem das Modeln ganz schnell selbst nicht mehr so glamourös wie einst. Das Bewusstsein um diese Künstlichkeit kann irgendwann zu einem äußerst erdrückenden Gefühl erwachsen, vielleicht weil einem bewusst wird, dass so viele vermeintliche Wahrheiten (der medialen Sozialisation) hinterfragt werden müssen. Es ist nun mal schlichtweg eine Enttäuschung, solche Träume platzen zu sehen. Am Ende schleicht sich zudem auch ein bleibender elender Gemütszustand ein, weil man realisieren muss, dass man meist nur formbare Rohmasse für dieses kalte Business ist. Ganz besonders wird das praktiziert durch den Einsatz der umfassenden Mittel der professionellen Inszenierungen der Fotografien und Laufstegjobs: Make-up, Styling, Kleider, Windmaschinen, etc. Man ist nur ein ersetzbares Bauteil einer enormen, kommerziellen Maschinerie – Ja, eine durchaus harte Einsicht.

Bereits einige Male kam ich an die Grenzen meiner Belastbarkeit und beschloss die finale Aufgabe dieses Jobs. Ich war kaputt und ausgelaugt, müde von dem ständigen Stehen im Fokus, Maskeraden aufrecht erhalten und genervt von all den falschen, oberflächlichen Menschen, denen man stetig im Arbeitsalltag ausgesetzt ist. Nach dem hundertsten *„Gott, Daaaaarling – siehst du atemberaubend aus!"* eines Stylisten, wird es zu *„blah blah blaaaaaaaah"* und ein aufgesetztes Lächeln als Antwort kommt wie aus der Pistole. Man stumpft ab.

Und auch der Fankontakt ist nicht immer bestärkend oder angenehm. Die Anonymität, die sich bekanntermaßen im Internet unzählige negative, bösartige Menschen zunutze machen, lässt aber auch viele andere (eigentlich ,normale') Menschen unüberlegt und überstürzt formulieren. Jede/r nimmt sich plötzlich heraus, offen kundzutun, was sie von jenem Outfit, Posing oder Aussehen halten. Ständig unsachgemäßer Kritik ausgesetzt zu sein und das auch noch von Laien, zerrt ungemein an den Nerven. Schlussendlich wird alles, was ich mache, auseinandergenommen und analysiert. Immer gibt es jemanden, dem/der *„Die Haare vor dem Friseur viel, viel besser gefallen haben."*, oder eine/r, die/der dir zwingend mitteilen MUSS, *„Das Styling steht dir überhaupt nicht!"*, bis hin zu: *„Gott, dass sieht ja schrecklich aus!"* oder konkreteren Beleidigungen bezüglich des Aussehens, Stylings oder der gewählten Lebensweise. Jeder zerrt an einem, will einen Teil von dir, möchte sein wie du, hasst dich abgrundtief, will deine Hilfe, hat dir was zu sagen, oder weiß mehr über dich, als man bisher selbst zu wissen glaubte.

Viele fordern mit Druck ein, dass ich ihnen schnell antworte auf Mails und Briefe, ohne Rücksichtnahme auf mein Leben oder meine persönlichen Prioritäten. Öffentlichkeit bedeutet für viele Fans, man hat ein gewisses Anrecht auf diese Person. Sie denken wohl, man müsste sich aufgrund des gewählten Berufes damit arrangieren, Meinungen und Kritik anzuhören oder sogar Beleidigungen Fremder ausgesetzt zu sein. *„Selbst schuld! Musst ja den Job nicht machen!"*, hörte ich unzählige Male. Hinzu kommen noch die vielen Männer (und einige wenige Frauen), die sich wohl denken: *„Ich hab (im Internet) nichts zu verlieren, die bagger ich einfach mal an!"* Bezogen auf die Anzahl dieser ‚Mutigen', summieren sich diese Anfragen dann aber bei den öffentlichen Modelprofilen ins Unermessliche. Ich bekomme zu Hochzeiten meiner Internetaktivität durch gepostete Bilder und Ähnliches täglich derart Mails. Mit Absagen können manche der Herren nicht besonders gut umgehen. Man ist oft schlichtweg ein stummer Kleiderbügel und/oder Sexobjekt, sei es für bewundernde Fans, Fotografen oder Kunden.

Futter für die Frustration sind dann zusätzlich die unzähligen Fotograf/inn/en und Kund/inn/en, die stetig deine (ohnehin nicht unangemessen hohe) Gagenhöhe, noch weiter runterdrücken wollen oder gleich nach kostenloser Arbeit meinerseits fragen. Es ist zum Verzweifeln. Man bekommt dadurch regelmäßig das Gefühl vermittelt, in den Augen dieser Personen nichts wert zu sein, beziehungsweise die geleistete Arbeit. Das ist im Einzelfall schon kein schönes Gefühl und dabei auch noch ein ständiger Begleiter der Modeltätigkeit, zumindest wenn man nicht alle Anfragen über eine Agentur/eine/n persönliche Agentin/ Agenten laufen lässt. Dazu gesellt sich dann noch das bereits erwähnte Gefühl der Ersetzbarkeit in der Branche. Es gibt in meiner speziellen Sparte unzählige hübsche, tätowierte Mädchen dort draußen, die noch diesem Traum hinterher rennen und keinerlei Ansprüche oder Durchsetzungsvermögen bei Gagenhöhen haben. Und so lehnst du wieder einmal eine unbezahlte Arbeit ab und nur Minuten später haben sie Ersatz aus dem Nachwuchs für dich. Ein Bewusstsein für Wert und Gagen bei den unerfahrenen ‚Eintagsfliegen' zu schaffen, ist vergebene Müh'. Es ist eben nicht ihr Job. Sie wollen nur etwas Aufmerksamkeit, einmal im Mittelpunkt stehen oder etwas vorweisen können, auf das sie stolz sein können.

Ich finde mich außerdem ständiger Bewertung und Missgunst ausgesetzt; fühle mich zudem stets beobachtet, denn fast täglich schreiben Fans/andere Personen, sie haben mich auf der Straße, im Restaurant, beim Einkaufen entdeckt. Dazu muss ich allerdings betonen: es sind zumeist zuckersüße, liebe Nachrichten. Es kommen Aussagen wie, dass ich ‚in echt' ja noch hübscher aussehe als auf meinen Bildern und Ähnliches. Ich habe vielleicht nicht Millionen Fans, aber dafür die Süßesten

die man sich nur wünschen kann. Zu besonderen Feiertagen bekomme
ich auch mal süße Briefe oder Pakete voller kleiner Geschenke zuge-
sandt. Nicht selten war ich den Tränen nah, hatte man eine schwere Zeit
und findet dann ganz unerwartet solch eine allerliebste Überraschung
in der Post. Geht es um das Knüpfen neuer Kontakte, verschweigt man
die Modeltätigkeit oftmals, um Vorurteilen zu entgehen oder gar einem abwertenden Blick, verbunden mit dem unüberlegten Ausspruch:
„Du?" (unzählige Male vorgekommen). Ja, ich bin keine 1,90 und wiege
keine 35 Kilo und ja, ich bin tätowiert – es gibt viele Formen und Typen
von Models. Aber wozu engstirnigen Menschen erklären? Wozu Kraft
und Zeit aufwenden? Meist lasse ich das Erklären und Diskutieren sein
und gehe meinen Weg mit Schwermut im Herzen weiter.

Andere Models sind sich meist selbst am nächsten, gönnen dir nichts
und kommentieren oft neidvoll deine Erfolge (selten offen, vorwiegend
hinter dem Rücken) abschätzig ab: *„SIE hätten den Job ja auch bekommen können.", „SIE wären ja an SOWAS gar nicht interessiert.", „SIE hätten den Job ja abgelehnt, den ich dort machte.", „SIE hätten ja was viel
Cooleres gemacht eben erst.", „Wie kann man denn nur für solch eine
Firma arbeiten?!"* Man spürt die stechenden, abscannenden Blicke der
‚Konkurrenz' jedes Mal auf seinem gesamten Körper bis ins Mark, wenn
man die jeweiligen Arbeitsräumlichkeiten oder auch ein Event betritt.

Um die erdrückenden negativen Alltagsgegebenheiten auszublen-
den, entwickelt man einen gewissen emotionslosen Automatismus bei
der Arbeit. Man spielt das Geforderte ab, wie eine Musikaufnahme auf
einem Tonträger. Die Folge: ein ‚Zombiewalk' voller eingeschlafener
Modelgesichter – das haben wir doch alle bereits gesehen. Sie wirken
wie kaputte Puppen, die ihre antrainierten irrealen Posen abspielen.
Manche meiner befreundeten Models bezeichneten es auch gern als
‚Schauspielern' – dieses Stadium der gleichgültigen Rollenerfüllung.
Auf jeden Fall keine Spur mehr vom Leben des glamourösen Traums
mit schönen Kleidern, Aufmerksamkeit und netten einflussreichen
Kontakten. Das abgespeicherte Programm eines professionellen Mo-
dels abspielen. Nach getaner Arbeit bloß schnell raus in die reale Welt
mit realen, ungekünstelten Menschen, echten Gefühlen und echter
Wertschätzung, vielleicht sogar konstruktiver Kritik und in jedem Fall
Ruhe und Abstand von allem Falschen. Ein Job ist oft nicht mehr als ein

kurzer Rausch, wie eine Droge – überwältigend und unheimlich kräftezehrend.

Aufgrund meiner speziellen Erkrankung war es mir nicht möglich dauerhaft einen geregelten Job fernab von der Branche auszuführen. So blieb ich noch eine Zeit länger beim Modeln als geplant. Dieser gesundheitliche Faktor, die zahlreichen liebenswerten Fans und spannenden Projekte, veranlassten mich einige Male doch weiter zu machen, auch trotzdem die Motivation und Kraft schon lange knapp bemessen war. Mein persönliches Fazit ist dies: Ich würde diesen Beruf niemals als Traumjob bezeichnen! Dieses Leben kann spannend und aufregend sein für eine Weile. Aber es ist eine falsche, missgünstige Welt, die einen mit der Zeit regelrecht aussaugt. Ich gehe sogar so weit, jungen Mädchen davon abzuraten, sich in ein derartiges Umfeld zu begeben. Es gibt so viele andere Arten, sich selbst zu verwirklichen, und Wege, spannende Abenteuer zu erleben. Der Ruhm in dieser Branche kommt mit einem langen Beipackzettel voller Nebenwirkungen. Vor- und Nachteile sind schlichtweg nicht im Gleichgewicht. Ich kann kein positiveres Fazit ziehen. Dafür habe ich zu viele Frauen zerbrechen sehen an den Anforderungen und psychischen Folgen dieser beruflichen Belastung. Nur ein charakterstarkes, ausgeglichenes Mädchen, dass die Maschinerie nüchtern betrachtet und nutzt, was diese zu bieten hat, kann hier ihren Platz finden und glücklich damit werden. Naja bis zum Verfallsdatum. Schließlich ist es beim Modeln wie mit Hunden – die Lebensjahre zählen siebenfach! Oder fast ...

Nun kann man sich aber auch fragen: Warum sich überhaupt einer Wettkampfsituation aussetzen, die sich lediglich auf die konforme Erfüllung eines unrealistischen, medienbestimmten äußerlichen Erscheinungsbildes, stetiger anstrengender Selbstvermarktung und kurzlebiger Bestätigung stützt? Für Geld, Bilder, Erfahrungen und hübsche Klamotten auf der Haben-Seite, natürlich vorausgesetzt, man gehört zu den verschwindend wenigen Gewinnern der Branche? Aussehen und Schönheit sind nicht alles und diese Dinge sind ebenso endlich wie fragil.

„Looks eventually fade. Make sure you have something else to bring to the table." Autor unbekannt.

5.3 Empfehlungen für die Models

Ganz prinzipiell kann man in dieser Branche nicht vorsichtig genug sein. Generell immer Angebote und die Ambitionen dahinter in Frage stellen. Ist die Bezahlung angemessen? Wirken der Job und die Auftraggeber professionell und vor allem: Was sagt mein Bauchgefühl? Wird man von einem Scout angesprochen, sollte man sich in Ruhe eine Karte geben lassen und überprüfen, ob dieser wirklich bei der besagten Agentur angestellt ist. Den Eltern minderjähriger Models ist anzuraten, dass sie ihren Nachwuchs auf die großen Reisen begleiten und sie nicht den Begleitern oder der Agentur anzuvertrauen. Sogar 13-jährige Kinder werden teilweise von Familien an die Model-Scouts übergeben, in der Hoffnung, dass sie etwas Geld nach Hause bringen oder eine bessere Zukunft genießen können. Nicht selten kommen sie geläutert mit einer gehörigen Portion Lebenserfahrung wieder, aber die von der schlechten Art.

Ausstrahlung ist der Schlüssel zu Aufmerksamkeit in dieser Branche. Mädchen, die gerne im Mittelpunkt stehen und durch exzentrisches Auftreten auffallen, haben nicht selten Probleme mit ihrem Selbstwert. Derart Charaktere brauchen Bestätigung von außen, um sich etwas wert zu fühlen. Mit Extravertiertheit als Selbstschutz kommt man hier nicht weit, denn solche Masken durchschauen die Menschenkenner des Businesses. Es ist zwingend notwendig, genug Selbstsicherheit zu besitzen, so strahlt ein Mädchen nach außen und zieht auch andere Menschen in ihren Bann. Also: eine souveräne Ausstrahlung, Wandlungsfähigkeit, ohne sich zu verbiegen (Stichwort: Authentizität), ein eigenwilliger Look und eine persönliche Note – diese Faktoren sind essentiell. Ist man charakterlich nicht ausreichend stabil, kann man an diesem Job zerbrechen. Es ist vielleicht ratsam, zusammen mit den engsten Bezugspersonen über diese Anforderungen und die eigens mitgebrachten Kompetenzen zu reflektieren. Die äußerlichen Voraussetzungen habe ich bereits ausführlich behandelt. Doch eine Anmerkung noch dazu: Erfolgreich im Modelbusiness ist man entweder als eine Wahnsinnsschönheit oder als ein spezieller Typ. Man muss wissen, wer man ist und wo man hin möchte. Und den realistischen Blick auf die eigenen Chancen nicht verlieren, nie zu große Hoffnungen haben und sehen, was auf einen zukommt (durch Disziplin und einen starken Willen). Eine gute Gesundheit zu haben ist ein Muss! Und man sollte auf sein Äußeres achten. Das bedeutet nicht, tagtäglich gestylt auf die Straße zu gehen, aber eine gute Haut- und Körperpflege ist die Basis dieses Jobs, bei dem man nun einmal vornehmlich mit dem Aussehen, sein Geld verdient. Gesunde Ernährung und angemessene Fitness ist auch ratsam und trägt zum Wohlbefinden und dem guten Aussehen bei. Einsteigermodels müssen wissen, in welchem Bereich sie gerne arbeiten wollen und sich dementsprechend unbedingt gut informieren. Sie sollen Techniken und Posen üben, ein Basiswissen oder vorangeschrittenes Wissen über das Arbeitsfeld aufbauen. Gute Ratgeber, Artikel und Bücher zu lesen, wird sowohl helfen, wichtige Fähigkeiten auszubauen, als auch ein allgemeines Verständnis für die Industrie ermöglichen, in die man sich begibt. Ein trockener, aber durchaus sinnvoller Ratgeber, den ich empfehlen kann, ist: ‚Honorare und Recht für Models' vom Autorenduo DANIEL KÖTZ und EVA GABRIEL-JÜRGENS (Fachanwälte für Medienrecht). Das Buch beinhaltet:

- eine Übersicht über Modelhonorare für die verschiedensten Veröffentlichungen
- Beispiele für Model Release und andere Verträge
- Tipps zum Umgang mit Bilderklau - Rechtliche Grundlagen selbstständiger Models
- Besonderheiten bei minderjährigen Models
- Checkliste: vor Vertragsabschluss
- Verträge und Vertragstypen
- Erstellen einer korrekten Rechnung
- Konsequenzen bei Störungen im Vertragsverhältnis
- ausführliche Hinweise zum Bildnisrecht
- Ansprüche bei unberechtigter Nutzung des eigenen Bildnisses
- KöGa-Liste: Nutzungsarten und Honorare für erwachsene Models sowie Kindermodels
- Vertragsmuster und Gesetzestexte

Abschließend ist der größten und wichtigsten Fakten dieser Branche, dass dies ein harter Job ist, den man nur mit viel Geduld und Durchhaltevermögen zu schaffen vermag. Aber das erwähne ich ja bereits das eine oder andere Mal.

Die ersten Shootings

Finanziell gibt es viele Fallen, in die Models tappen können, wenn sie sich nicht informieren und vorsichtig bleiben. Generell bezahlt man in dieser Branche keinen Beitrag für die Aufnahme in die Kartei einer Agentur und auch nicht zwingend für die ersten Fotografen. So viele Models, die gerne anfangen wollen zu modeln, so viele Einsteiger-Fotografen mit hohem Potenzial gibt es auch. Damit meine ich solche, die es technisch bereits beherrschen, aber noch Übung benötigen und ihr Portfolio aufbauen wollen. Diese eignen sich hervorragend, damit Newcomer der Modelbranche sich ausprobieren können. Bei den ersten Shootings sehen die Jungs und Mädels dann auch schnell, wie anstrengend der Job tatsächlich ist und ob man sich für diesen Beruf wirklich eignet. Bei den Fototerminen muss auf die TFP-Verträge geachtet werden! Oft haben die Fotografen solche Vordrucke mit, aber es wäre anzuraten, als Model auch selbst welche zu erstellen und mitzubringen. Zudem den Inhalt ordentlich prüfen vor dem Unterschreiben! Tritt man zum Beispiel die eigenen Bildrechte komplett ab, hat man keine Kontrolle mehr darüber, wo die Bilder landen. Um sich sicherer zu fühlen, können die jungen Mädels eine Begleitperson mitbringen. Um die wahren Intentionen eines Fotografen mitzubekommen, reicht es oft schon, eine solche begleitende Person im Vorfeld des Termins zu erwähnen. Auch wichtig: vorher absprechen, welchen Stil die Bilder haben werden und ob der Fotograf Akt/Teilakt anstrebt oder nicht. Einfach beiläufig, aber ausdrücklich formulieren, dass man vorhat, vorrangig oder ausschließlich Bekleidung in Szene zu setzen.

‚Schwarze Schafe' verlangen oftmals das Senden von Unterwäsche- oder Nacktbildern vor dem Termin. Selbstverständlich ist das keine übliche Methode und solchen unprofessionellen Wünschen ist nicht nachzugehen. Agenturen machen beim Vorsprechen vor Ort oft eigene sogenannte Polaroids – also Aufnahmen für die Kartei, auf denen man sowohl das ungeschminkte Gesicht, als auch die Figur des Models gut erkennen kann. Dabei ist es schon üblicher und sinnvoll als Model enganliegende Kleidung oder nur Unterwäsche zu tragen. Sagt aber immer, wenn ihr euch unwohl fühlt und lasst euch nie zu etwas drängen das ihr nicht wollt! Ihr habt eine Stimme – nutzt sie!

**Bestehende Initiativen und Vereine und deren bisherigen Errungen-
schaften sowie Hilfsangebote**
Amerika

Die amerikanische Initiative von Topmodel ZIFF will Models über ihre
Rechte am Arbeitsplatz aufklären, ihnen eine Plattform bieten, sich zu
organisieren und auszutauschen und sie bei spezifischen Problemen
unterstützen. Sich dort zu informieren und Rat zu suchen bei anderen
Models kann helfen, in der Branche zurecht zu kommen und sich nicht
von unseriösen Agenturen oder anderen ‚schwarzen Schafen' ausnutzen zu lassen. Die Homepage der Initiative: **http://modelalliance.org**

Im Bundesstaat New York wurde 2013 ein neues Gesetz zum besseren Schutz minderjähriger Models eingeführt. Senatorin DIANE SAVINO
zeigte sich optimistisch: *„Wir haben die zügellose Ausbeutung und den
sexuellen Missbrauch von Kindermodels beendet, indem wir ihnen den
entscheidenden Schutz gegeben haben."* Das verabschiedete, umfassen-
de Gesetz für unter 18-Jährige beinhaltet Eckpunkte wie: die maximale
tägliche Arbeitszeit, der Feierabend muss innerhalb der Woche vor 12
Uhr sein, wenn Schulpflicht besteht. An Wochenenden hingegen soll
12:30 Uhr Schluss sein mit der Arbeit. Die Minderjährigen brauchen
eine offizielle Arbeitserlaubnis und die Designer auf der anderen Seite einen Berechtigungsschein, um sie überhaupt zu engagieren. Ein
Privatlehrer muss eingestellt werden ab drei Tagen berufsbedingtem
Schulausfall. Außerdem sind Regelungen enthalten das Gehalt betreffend. Zukunftsorientiert sollen ganze 15 Prozent des Lohns auf einem
Treuhandkonto verwaltet werden, zumindest bis die Volljährigkeit erreicht ist. Es sollen zudem denen Betreuer/innen zur Seite gestellt werden, die noch unter 16 sind. Des Weiteren müssen Krankenschwestern
in Reichweite sein, mit pädiatrischer Ausbildung und Kenntnissen (Kin-
derheilkunde). Bei Verstößen gegen die Auflagen, werden Geldbußen
fällig. Beim ersten umgerechnet 730 Euro, bereits 2 200 Euro für den
dritten Verstoß und schlussendlich können sie sogar gänzlich die Zu-
lassung für minderjährige Models verlieren. Es wird gemutmaßt, dass
durch diese Regelungen zukünftig vermehrt über 18-jährige Models für
die Laufstege der Metropole gebucht werden. Die Durchführung der
Auflagen der Arbeit mit minderjährigen Models dürfte zu hohe zusätzliche Kosten verursachen.

Model Coco Rocha, die Verfechterin der neuen Gesetze und Rechte ihrer jungen Kolleginnen ist, zeigte sich zufrieden mit den ersten Erfolgen der neuen Regelungen auf der ‚New Yorker Fashion Week': *„Die Leute hören darauf. Ich war sogar überrascht – ich dachte, dass der ein oder andere das Gesetz vergessen wird oder nicht aufgepasst hat. Heute ist der vierte oder fünfte Tag der Fashion Week und es läuft noch immer gut. Glückwunsch an alle Designer."*

Israel

Seit März 2012 dürfen in Israel nur noch Models arbeiten, deren Body-Mass-Index im von der Weltgesundheitsorganisation vorgegebenen Normbereich liegt, also bei mindestens 18,5. Allerdings ist Israel ein unwichtig kleiner Markt der Industrie. Trotzdem sind sie Vorreiter und möglicherweise Vorbild für andere.

Deutschland/Schweiz/Österreich

In Deutschland engagiert sich seit 2010 ein Berufsverband namens ‚Barfuss' für die Rechte der Models in der Schweiz, Österreich und Deutschland. In ihrem Internetauftritt www.modelberufsverband.ch formulieren sie ihre Aufgaben und Vorhaben als unterstützende und beratende Anlaufstelle für alle Models mit Fragen und Problemen. Die Mitglieder der Non-Profit-Organisation haben vor allem mehr Schutz, Sicherheiten und fachliches Wissen der Models als Zielsetzung. Das klingt zunächst hervorragend. Allerdings zeigt ein Blick auf die Angebote des Verbandes, dass jede Beratung etwas kostet. So bekommt man eine 1-1,5 stündige ‚Karriereberatung & Modelcoaching' nur gegen einen Beitrag von über 65 Euro als Nichtmitglied. Ein Mitglied zahlt um die 33 Euro. Das Merkblatt ‚Wie arbeitet eine seriöse Modelagentur?' bekommen nur Mitglieder und auch die ‚Unabhängige Beratungsstelle (Ombudsstelle)' informiert und berät laut Homepage ausschließlich eingetragene Mitglieder bei Fragen und Problemen. Eine Mitgliedschaft ist mit einem Jahresbeitrag von etwas über 64 Euro möglich. Vielleicht bedeutet dieses Angebot trotzdem für manche eine nützliche Sicherheit. Ich persönlich würde eine kostenfreie Beratung, ein Netzwerk von Models für Models, wie die bereits vorgestellte ‚The Model Alliance', auch für den deutschen Markt bevorzugen.

Was könnte außerdem verändert werden, um den negativen Traditionen und Trends entgegenzuwirken?

Verschiedenste Initiativen haben sich der Gewichtsthematik der Laufstegschönheiten gewidmet und bringen immer wieder Ideen hervor. So könnte es ein großer Schritt sein, wie Israel durchweg einen Mindest-BMI-Wert für alle, die auf dem Laufsteg unterwegs sind, einzuführen und natürlich diesen anschließend auch konsequent durchzusetzen. So hätten die Designer Mindestmaße, mit denen sie arbeiten müssten, und sie würden sich beim Entwerfen und Schneidern endlich an der menschlich natürlichen Figur orientieren. Model und Buchautorin CRYSTAL RENN setzt sich ebenfalls dafür ein, dass Modeschöpfer ihre Musterstücke, die für die Laufstege gefertigt werden, mindestens in Größe 36 schneidern. *„Wenn man ein Muster in Größe 36 hat, gibt man dem Designer mehr Freiheit"*, so das Model. *„Die meisten Models werden Größe 34 oder 36 haben, und sie könnten sogar Größe 38 haben. Wenn dann ein richtig fantastisches Model hereinspaziert, das Größe Null hat, könnten sie das Kleid schmaler nähen."* Sie sprach neben anderen auf der ‚National Eating Disorders Awareness Week' über die brisante Thematik.

„Ein Beispiel für in diesem Sinne wirksame Maßnahmen ist das vom CFDA in 2011 eingeführte Botschafter-Programm, in dem erfahrene Models als Mentorinnen für Berufsanfängerinnen fungieren. Unterstützt von mehreren großen Agenturen hat sich das Programm erfolgreich etabliert und so ein Forum geschaffen, in dem Models Beratung und Orientierungshilfe bekommen. In diesem Rahmen wurde zudem ein Unterschriften-Aufruf gestartet, bei dem von Entscheidern der amerikanischen Modebranche Zusagen für das Einhalten der Guidelines eingeholt wurden – begleitet von einem branchenweit verschickten Brief der CFDA-Präsidentin Diane von Fürstenberg, in dem sie die Anzeichen gestörten Essverhaltens ins Gedächtnis rief." (www.Vogue.de 2014).

Solch ein Mentorinnen-Programm von verantwortungsbewussten, gesunden, älteren Models wäre durchaus eine gute Möglichkeit zur Verbesserung. Ebenso das erwähnte Druckausüben auf die Modebranche klingt zunächst nach einer vernünftigen Vorgehensweise.

Im Mai 2012 riefen die internationalen Ausgaben der ‚VOGUE' gemeinsam die ‚HEALTH INITIATIVE' ins Leben und veröffentlichten diesen

Text auf ihrer eigenen Homepage: *„Die Chefredakteure der 19 internationalen Ausgaben von VOGUE starten die weltweite ‚HEALTH INITIATIVE'. Als eine der einflussreichsten Stimmen der Modewelt sieht sich VOGUE in der Verantwortung, ihr Gewicht in die relevanten Themen und Diskussionen der Branche einzubringen. Aufbauend auf der erfolgreichen Arbeit der ‚American Health Initiative' des ‚Council of Fashion Designers' (CFDA) in den USA und des British Fashion Council in Großbritannien soll die VOGUE-Initiative dazu beitragen, ein gesundes Körperbild und -bewusstsein innerhalb der Modebranche zu fördern. [...] Die ‚HEALTH INITIATIVE' soll dafür sorgen, dass Models, die für viele Frauen eine Vorbildfunktion haben und Schönheitsideale transportieren, gute Arbeitsbedingungen haben und geschult beziehungsweise unterstützt werden, selbst auf ihre Gesundheit zu achten. Im Rahmen der Initiative sollen möglichst viele der damit in Zusammenhang stehenden Aspekte und Probleme innerhalb der Modebranche lösungsorientiert aufgegriffen werden. Die ‚HEALTH INITIATIVE' startet weltweit mit den Juni-Ausgaben von VOGUE und wird durch individuell umgesetzte redaktionelle Konzepte und Aktivitäten begleitet. Darüber hinaus haben sich die Chefredakteure von VOGUE auf ein sechs Punkte umfassendes Abkommen geeinigt.“*

Die besagten Punkte sind:

1. Wir arbeiten grundsätzlich nicht wissentlich mit Models, die unter 16 Jahre alt sind oder an Essstörungen leiden. Es soll ausschließlich mit Models zusammengearbeitet werden, die, objektiv betrachtet, gesund sind und dazu beitragen, ein gesundes Körperbild zu fördern.

2. Bei Castings, Fashion Shows und Werbekampagnen sollen die Personalausweise der Models überprüft werden, um sicherzustellen, dass nur Models beschäftigt werden, die älter als 16 sind.

3. Wir werden die Einrichtung von Patenschaften/Mentoren-Programmen fördern, bei denen erfahrene Models jüngeren Models beratend zur Seite stehen. Außerdem werden wir dabei helfen, branchenweit das Bewusstsein durch Aufklärung zu erhöhen, wie es auch Teil der Gesundheitsinitiative des CFDA ist.

4. Wir wollen daran mitwirken und dazu auffordern, dass Backstage bei Fashion-Shows und Foto-Produktionen gesundheitsbewusste Arbeitsbedingungen gegeben sind. Wir werden Model-Agenten dazu anhalten, junge Models nicht unverhältnismäßig lange arbeiten zu lassen.

5. Wir werden Designer bitten, die Folgen unrealistisch kleiner Mustergrößen ihrer Kleidung zu bedenken, welche die Auswahl an Frauen,
   die ihre Mode tragen können, begrenzt und den Einsatz extrem dünner Models begünstigt.
6. Wir werden nicht nur in den VOGUE Magazinen verstärkt die Bot-
   schaft eines gesunden Körperbildes verbreiten, sondern bei jeder
   sich uns bietenden Gelegenheit, bei der wir unseren Einfluss geltend
   machen können.

Die ‚VOGUE'-Chefredakteure, die die Gesundheitsinitiative anstie-
ßen, setzten ein gutes Zeichen für eine Verbesserung der grauenhaften Umstände. Allerdings missachteten sie ihren eigenen Kodex selbst
bereits einige Male, so jenen, keine Models unter 16 zu buchen. Das
muss sich ändern! Mehr Konsequenz und Kontrolle muss Einzug halten.
Weiterhin sollten es die Magazine und Veranstalter der Fashionweeks
beibehalten, die Designer zu mehr Vernunft anzuhalten. Sie müssen
einfach die Folgen ihrer unrealistisch kleinen Mustergrößen bedenken.
Die Models sollten ein gesundes Körperbewusstsein entwickeln und
sich ihrer Vorbildfunktion bewusst sein. Falls dabei die erwähnten Part-
nerprogramme mit erfahrenen Models als Berater helfen, dann warum
nicht?! Ein unterstützenswertes Projekt. Wenn sich dann auch noch
die Mitarbeiter und Scouts der Agenturen bereit erklären, einem ge-
sundheitsfreundlicherem Auswahlverfahren der Models zuzustimmen,
wären schon bedeutende Schritte getan hin zu einer bessere Zukunft.

5.4 Empfehlungen für Pädagogen, Sozialarbeiter, familiäre Bezugspersonen oder auch für interessierte Newcomermodels

Das zentrale Ziel dieser Publikation ist aufzuzeigen, wie sich ein Mo-
delleben in der Realität gestaltet. Die zusammengetragenen Informa-
tionen sollen der Aufklärung dienen und als Grundlage fungieren für
eine offene Auseinandersetzung mit dieser Thematik. Da viele junge
Mädchen oft voller Enthusiasmus unvorbereitet und mit falschen Vorstellungen an den Berufseinstieg gehen, möchte ich mit diesem Buch
im besonderen Menschen aus der Sozialen Arbeit und Familienmitglie-

dern eine informative Basis geben. Es ist dabei besonders wichtig, gegenüber den jungen Frauen nicht belehrend aufzutreten, sondern mit Offenheit und Verständnis. Hilfreich um einen Dialog zu führen oder einen Gedankenanstoß gerade bei Jugendlichen zu ermöglichen, kann die Zuhilfenahme von Video- und Fotomaterial sein. Hier ein paar Empfehlungen meinerseits:

Dieses Video zeigt die Bildbearbeitung an einer jungen, hübschen Frau. Es heißt ‚Body Evolution – Model Before and After' und zeigt deutlich auf, welches künstliches Ideal uns die Werbeindustrie versucht zu verkaufen: **http://youtu.be/17j5QzF3kqE**, Abruf am 28. Oktober 2015.

Eine weitere persönliche Videoempfehlung ist diese: **http://youtu.be/zRlpIkH3b5I**, Abruf am 28. Oktober 2015.

Der Name des Videos ist ‚Photoshopping Real Women Into Cover Models', was übersetzt in etwa heißt: ‚Die Bildbearbeitung von realen Frauen zu Covermodels'. Es sind durchweg hübsche, intelligente Frauen in diesem Test. Diese erklären zunächst, wie sie von vorgesetzten Idealen beeinflusst werden und dann zu einem professionellen Shooting begleitet werden. Am Ende des Beitrages erklären sie ihre Gefühle, sich derart bearbeitet zu sehen. Ich würde den Beitrag zunächst jedem ans Herz legen, der Englisch gut versteht. Aber der unglaubliche Effekt durch die Photoshop-Bildbearbeitung kommt auch an, wenn man die Sprache nicht hervorragend beherrscht.

Sehr nachdenklich hat mich die Dokumentation von Topmodel SARA ZIFF gemacht. Sie filmte über mehrere Jahre backstage und privat ihren Modelalltag und veröffentlichte schlussendlich eine DVD namens ‚Picture me (Tagebuch eines Topmodels)', erhältlich auch mit deutschen Untertiteln. Hier als Vorgeschmack, der offizielle englische Trailer: **http://youtu.be/gBoTa1B7sjc**, Abruf am 28. Oktober 2015 sowie der deutsche Trailer: **http://youtu.be/DTATNecawnk**, Abruf am 28. Oktober 2015.

Sie ist offen und ehrlich, zeigt sich auch verletzlich und zeitweise komplett ausgelaugt. Ein äußerst geeigneter Film mit einer sympathischen, intelligenten Hauptprotagonistin, um möglicherweise gerade Jugendliche zu erreichen.

Zur Vertiefung empfehle ich diese ausführliche Reportage von ARTE, veröffentlicht am 24. März 2014. Gerade junge Heranwachsende zeigen sich desinteressiert an veralteten Aufnahmen. Es ist eine schnelllebige Medienzeit, in der wir leben und in der die jungen Menschenkinder aufwachsen. Daher ist dieser Film nicht nur eine ehrliche Darstellung des Modellebens, sondern auch relevant im aktuellen Bezug. Hier der Link zum Video: **http://youtu.be/aY2mMZuHpPQ**, Abruf am 28. Oktober 2015.

Im beigefügten Text zum Video erklären sie zu den Aufnahmen: *„Unzählige junge Mädchen träumen weltweit von einer internationalen Modelkarriere. Das ist auch in Russland so. Und hier finden wie überall regionale und nationale Wettbewerbe statt, die den siegreichen Teilnehmerinnen eine internationale Karriere versprechen. In ihrer Dokumentation entlarven David Redmon und Ashley Sabin die schmutzigen Methoden international agierender Model-Agenturen und die raue Wirklichkeit hinter dem Traum vom Model-Leben, den besonders Familien mit Töchtern träumen, die in Armut leben. ‚Teenie Model' begleitet die 13-jährige Nadya auf ihrem Weg aus ihrem Heimatdorf im tiefsten Sibirien bis zu ihren ersten Castings als Model in Japans Millionen-Metropole Tokio."*

Eine ganz besonders bewegende schriftliche Darstellung ihrer Model-Jahre ist die von LINA SCHEYNIUS, die ich auch in diesem Buch mehrmals zitierte – ‚Jung und schön. Und ganz schön unglücklich'. Sie finden sie unter diesem Link: **http://www.zeit.de/zeit-magazin/2014/44/model-lina-scheynius**, Abruf am 28. Oktober 2015.

Zu den hier vorgestellten Materialien gibt es auch von Medienpädagog/inn/en bereits erarbeitete Ansätze und Unterrichtsmaterialien, die 2014 auf der Tagung ‚Scripted Reality in der medienpädagogischen Arbeit' in Ludwigshafen präsentiert und diskutiert wurden. Sie dienen vorrangig dazu, Jugendlichen den reflektierten Umgang mit Scripted Reality Sendungen wie ‚Germany's Next Topmodel' zu ermöglichen. Einen kurzen Bericht zu dem Kongress sowie einige der Materialien finden sich unter diesem Link: **http://www.lmz-bw.de/medienbildung/aktuelles/mediaculture-online-blog/blogeinzelansicht/2014/scripted-reality-in-der-medienpaedagogischen-arbeit.html**, Abruf am 28. Oktober 2015.

Foto: © Rica Rosa Photography

Schlusswort

„Würden Sie zehn Punkte Ihres IQ abgeben, um einen Schönheitsmakel auszugleichen?" Was würden sie antworten? Ganz ehrlich? Unglaubliche 65 Prozent der befragten Frauen einer Erhebung mit exakt dieser Fragestellung gaben an, dass sie zehn IQ-Punkte hergeben würden, um einen Schönheitsmakel auszugleichen. Davon würden 32 % Intellekt gegen eine Kleidergröße weniger tauschen, 29 % hätten gerne einen größeren Busen, 21 % längere Beine und weniger Falten gaben ganze 18 % an[1].

Nur 2 % der deutschen Frauen bezeichnen sich selbst als schön. Knapp zwei Drittel der Frauen weltweit haben das Gefühl, dass Schönheitsdruck auf die ausgeübt wird. Einig sind sich die Frauen in der Ansicht, dass Schönheit in unserer Gesellschaft derzeit überwertet wird[2].

„Sekunden auf den Lippen, für immer auf den Rippen!"
„Bist du sicher, dass du das essen willst?"
„Hast du dir gerade tatsächlich zwei von den Schokocreme-Gläsern gekauft?"
„Naja wenn du heut noch nicht so viel gegessen hast, kannst du dir ja ein Stück Kuchen gönnen."
„Wie kannst du nur so oft hier essen?! Bald siehst du aus wie ein Kloß!"
„Wie kannst du nur bei den Temperaturen Burger essen?! Also ICH krieg ja grad wirklich nur Salat runter." Ein Auszug von Sprüchen, die ich innerhalb von ca. ein bis zwei Wochen hörte und einmal aufmerksam dokumentierte.

Verschiedenste Faktoren, auch unbewusst einwirkende, veranlassen Menschen zu solchen verurteilenden, provozierenden Aussagen. Sie versuchen sich damit abzugrenzen von anderen und sich hervor zu tun. Nun ist es nicht nur weitläufig bekannt, sondern mittlerweile auch wissenschaftlich empirisch belegt, dass es der persönlichen Wei-

---

[1] Umfrageergebnisse einer Erhebung mit 1038 Frauen zwischen 25 und 45 Jahren, durchgeführt durch das Meinungsforschungsinstitut Gewis, im Auftrag der Zeitschrift ‚Petra', 2011.

[2] Quelle: Studie ‚Die ganze Wahrheit über Schönheit' von ‚Dove', Mai 2010. Weltweite Umfrage unter 6407 Frauen im Alter zwischen 18 und 64 Jahren zum Thema Schönheit und Selbstbewusstsein in 20 Ländern.

terentwicklung und Verwirklichung nicht zuträglich ist, andere zu beschämen. Obendrein kann es dauerhaft negative Auswirkungen auf das Opfer der Diskriminierung haben. An der eigenen Selbstsicherheit zu arbeiten, wäre ein größerer Aufwand für die Täter, letztlich aber auch für die persönliche Entwicklung positiver. Menschen sind manchmal schlichtweg verblendet, was ihr Verhalten angeht. Sie sind getrieben von unbewussten Wünschen, Träumen, Verletzungen oder anderen Emotionen aufgrund ihrer Sozialisationsgeschichte und ihrem Charakter.

Schon als Kind, zumeist explizit ab der Grundschulzeit, lernen wir, dass Aussehen und Materielles darüber entscheidet, wie akzeptiert wir in unserem kleinen Umfeld und in der Gesellschaft allgemein sind. Bereits vorher lernen Kinder durch Erziehung, Medien oder die Vorbildfunktion der Eltern sowie anderer Personen im Umfeld, was man zum Beispiel von ‚fetten' Menschen zu halten hat. Das führt dazu, dass übergewichtige Kinder gehänselt und verspottet werden, denn ‚fett' zu sein gilt als unattraktiv und wird mit schlechten Charaktereigenschaften in Verbindung gebracht. Umfragen zeigten, dass sie als undiszipliniert gelten, als faul, träge, gierig und ohne Selbstkontrolle. Fettsein wird sogar mit Armut in Verbindung gebracht, denn anscheinend sind die ‚Reichen und Schönen' disziplinierte, zukunftsorientierte Personen. Kinder möchten schließlich einmal reich und erfolgreich sein. Daher grenzen sie sich lieber rigoros von allen Verbindungen mit Personen mit schlechtem Ansehen ab oder lassen sich sogar zum Mobben verleiten.

In einer Umgebung, die demnach von Diskriminierung und Vorurteilen geprägt ist, fühlt man sich ständiger Beobachtung, Kritik und Verurteilungen ausgesetzt. Beim Heranwachsenden ist man zudem nicht nur kindlicher und jugendlicher Grausamkeit ausgeliefert, die mit falscher oder sich entwickelnder Moral handeln. Studien bestätigen, dass auch Erwachsene, beispielsweise Lehrer/innen, die attraktiveren Schüler/innen bei Benotungen und Behandlung bevorzugen. Rein evolutionär verbinden wir Menschen Schönheit nun mal mit positiven Assoziationen und ein weiteres Mal lässt die selbsterfüllende Prophezeiung Vorurteile Realität werden. Ein von der Natur gegebenes Aussehen ist kein Grund, wirklich Stolz zu empfinden. Es handelt sich um keine Leistung.

So ist es nicht logisch, menschliche Kompetenz an Äußerlichkeiten zu bemessen und doch geschieht es tagtäglich. Die Modewelt ist dabei auch nur eine kleine Ausführung unseres eigenen Universums. Was in der Gesellschaft vorgeht, findet auch im Kleineren – in der Welt der Models statt, nur eben noch viel schlanker und überzogener.

Die Moral der westlichen Gesellschaft, in der wir leben, ist in einer ständigen Weiterentwicklung und Verschiedenheit findet stetig, aber langsam immer mehr Akzeptanz. Ist doch das Verständnis von Schönheit im 21. Jahrhundert vor allem durch Vielfalt geprägt. Models und Popstars definieren, was als schön empfunden wird und glücklicherweise gibt es auch in deren Riegen große Kontraste und auch optisch herausstechende Künstler, die als potenzielle alternative Idole fungieren können. *„Attraktivität hat heute viele Gesichter. Auch sind Designer nicht mehr die alleinigen Initiatoren von Trends. Ob Schauspielerinnen, Musikerinnen, Präsidentengattinnen oder die Frauen auf den Straßen der Metropolen - sie alle prägen Mode- und Beauty-Styles."* BRIGITTE HUBER, zweite ‚Brigitte'-Chefredakteurin zu www.sueddeutsche.de.

Doch es ist noch ein weiter Weg zu gehen, bis Homophobie, Lookismus und andere -ismen der Vergangenheit angehören, bis alle Facetten von Models in der Branche vertreten sind und gefeiert werden, bis veraltete Schönheitsideale passé sind. Die Branche selbst muss sich freimachen, dem Diktat eines frisch gehypten Starfotografen und seiner Vorstellung von Schönheit blind zu folgen. Und auch abgehobene Designer, die viele der heutigen krankhaften Körpertrends erst auf die Spitze getrieben haben, müssen weiterhin und sogar noch viel stärker im Fokus offener Kritik stehen. *„Kein Diktator kann so vielen Menschen seinen Willen aufzwingen wie ein Modeschöpfer"*, sagte schon GRACE KELLY über den Einfluss dieser modernen ‚Diktatoren'. Es sollten irgendwann Frauen aller Art auf den Laufstegen zu sehen sein. Vielfalt und Unterschiede sind doch etwas Großartiges. Eine große Bandbreite von Mädchen unterschiedlichen Aussehens, Alters, Größe und Ethnizität auf den Catwalks und den Publikationen, erweitert, rein wirtschaftlich betrachtet, auch den Markt und das Interesse einer größeren Käufergemeinschaft.

Der moderne Mensch gestaltet nicht nur seine Lebenskonzepte, sondern auch sein Aussehen. Gern wird von kritischen Stimmen betont, dass das Streben nach Perfektion des eigenen Körpers in der Geschichte nie zuvor einen derart hohen Stellenwert genoss. Das möchte ich mit Hinweis auf geschichtliche Fakten jedoch stark anzweifeln. 3 000 Jahre alte ägyptische Mumien mit chirurgisch angelegten Ohren; die im Kindesalter gebrochenen, abgebundenen und schwer deformierten Lotusfüße im alten Kaiserreich China; Nasenplastiken unter Verwendung von Haut aus der Stirn in Indien etwa 400 v. u. Z. und auch der ‚Giraffenhals'-Spiralschmuck des Padaung-Volkes, der schon im Mittelalter regionale Berühmtheit erlangte, belegen deutlich, dass bereits damals besonderer Wert auf Ästhetik und Aussehen gelegt wurde.

Das Verherrlichen der kaufbaren und formbaren Schönheit ist demnach kein Konzept der Moderne. Es hat eine lange Tradition. Und doch ist die Verfügbarkeit der teuren Kosmetika, chirurgischen Eingriffe, Friseure und diätischen Maßnahmen nun so weit vorangeschritten, dass Schönheit mittlerweile kein Privileg, sondern eine Leistung ist, die alle Menschen betrifft und das aus allen Schichten. Ein ästhetisches Aussehen ist etwas Machbares für Jedermann geworden. Wer sich dem nicht ergibt, gilt schnell als unmoralisch und braucht sich über eigene Komplexe nicht zu beschweren. Wir haben in diesem Buch davon erfahren, dass wir uns nur scheinbar freiwillig dem Druck zur Schönheit und Schlankheit unterwerfen. *„Denke daran, dass das, was dich wie an unsichtbaren Fäden hin- und herzieht, in deinem Inneren verborgen ist",* betonte passend einst MARC AUREL, von 161 bis 180 römischer Kaiser und geschätzter Philosoph. Die omnipräsenten heutigen Medien haben großen Einfluss auf die Entstehung und weltweite Verbreitung der aktuellen Idealbilder. Mädchen und Frauen fühlen sich in ihrem Körper nicht wohl, zwängen sich in zu enge Kleidung und verstecken ihr Gesicht hinter dick aufgetragener Kosmetik. So reduzieren sie sich selbst auf ihr Äußeres und sehen oft allein ihre Attraktivität als Schlüssel zum persönlichen Erfolg. Sie würden sogar einen ‚IQ gegen Makel'-Deal eingehen, wie die oben vorgestellte Umfrage aufzeigte. Die Emanzipation ist rückläufig. Doch was soll Mädchen und Frauen geraten werden, damit sie an sich selbst glauben und ihren Selbstwert nicht von anderen abhängig machen? Wie wirkt man einem lebenslangen Einfluss entgegen?

Ich persönlich glaube an Vorbildfunktion als einen wichtigen Schlüssel zur Verbesserung. Vor allem zu Zeiten, in denen sich junge intelligente Frauen aus allen gesellschaftlichen Schichten in Casting Shows öffentlich demütigen lassen, brauchen wir positive Gegenbeispiele. Damit meine ich starke unabhängige Frauen, die selbstbewusst ihren Weg gehen und sich eben nicht alles gefallen lassen. Bereits die Präsenz eines solchen Idols kann einen glücklicheren, selbstbestimmten Weg für andere ebnen. Offene Gespräche und Kritik an der Medienwelt sind zudem essentiell. Des Weiteren kann wohl nur Selbstreflexion helfen: Was bedeutet ‚schön sein' für mich? Warum unterziehen wir uns schmerzhaften Operationen, um danach nicht mehr wie wir selbst, sondern wie etwas auszusehen, dass sich andere Menschen für uns überlegt haben? Ist der momentane Schönheitswahn nur ein Symptom unseres allgemeinen Perfektionismus? Kaufe ich meiner Tochter klischeebehaftete, rosa-/pinkfarbene Spielzeuge und Kleidung, akzeptiere sexistische Spielkonzepte in der Kindererziehung und unterstütze somit überholte Rollenbilder? Mache ich all das langwierige Frisieren, Schminken, Einkleiden wirklich (vor allem) für mich selbst?

Unterstütze ich womöglich selbst (unbewusst) ein krankmachendes, körperbeschämendes und frauenfeindliches Schönheitsideal? Verurteile ich andere (in meinen Gedanken) aufgrund von Äußerlichkeiten? Warum wird dieses in den Medien propagierte Schönheitsdiktat überhaupt so bereitwillig angenommen?

Es ist kein Zeichen von Gesundheit, an eine von Grund auf kranke Gesellschaft gut angepasst zu sein. JIDDU KRISHNAMURTI, Philosoph (1895 bis 1986)

Die Wahrheit ist vorhanden für den Weisen, die Schönheit für ein fühlend Herz. JOHANN CHRISTOPH FRIEDRICH VON SCHILLER, Dichter und Dramatiker (1759 bis 1805)

Sich schön zu fühlen hat nichts damit zu tun, wie man aussieht. („Feeling beautiful has nothing to do with what you look like.") EMMA WATSON, Schauspielerin (geb. 1990)

Zum Abschluss ein Zitat meines modernen Lieblings-Poeten, übersetzt aus dem Englischen:
„du hast so lang darüber nachgedacht, was die welt denkt,
dass du dich selbst kaum mehr erkennen kannst.
stell dir vor geboren zu sein um zu fliegen,
aber in einen käfig gesteckt zu werden,
in dem du deine eigenen flügel kaum ausbreiten kannst.
du kannst immer noch so viel sein
und es gibt immer noch so viel von dir zu entdecken.
also flieg, flieg einfach weg von hier
und komme niemals zurück zu einer welt,
die dir das gefühl gibt,
du weißt nicht mehr wer du bist."
R. M. DRAKE

Foto: © Rica Rosa Photography

Es sollte nicht das höchste Lebensziel des Menschen sein, als attraktiv zu gelten.

Ich plädiere daher lieber für ein leidenschaftliches und erfüllteres Leben voller spannender Erlebnisse und tiefgehender Prioritäten.

Ich wünsche euch alles Gute auf eurem selbstbestimmten Weg.

Eure Melinda aka Mel Riot < 3

D anksagung

In dieses Buch fließen meine eigenen Kenntnisse und Erfahrungen der bisherigen Modeltätigkeit und somit auch unglaublich viel Herzblut mit ein. Es war mir ein Bedürfnis, anderen Seelen schlimme Erlebnisse zu ersparen. Mein herzliches Dankeschön bei der Verwirklichung dieses Traumes gilt zunächst meinen Leserinnen und Lesern, den Fans, Unterstützerinnen und Unterstützern sowie allen Käuferinnen und Käufern der Publikation. Ich hoffe dieses Buch gefällt euch und bringt euch auch Lesespaß und Unterhaltung, trotz der schweren Thematik.

Dank gebührt außerdem meinen Interviewpartnerinnen, die mir den Einblick in die verschiedensten Problematiken gaben und mir dabei ihr vollstes Vertrauen schenkten. Meiner lieben Professorin Dr. phil. Ulrike Gräßel, Hochschule Zittau/Görlitz, danke ich für die wertvollen Tipps und Hinweise während der gesamten Entwicklung und Veröffentlichung dieser Arbeit. Auch bei meinem RabenStück Verlag möchte ich mich bedanken für diese Chance und die Unterstützung.

Nicht zuletzt möchte ich mich bedanken bei all jenen, die mir während dieser Zeit den Rücken frei hielten und mir Zuspruch gaben: meine Freunde, dabei besonders Stefan, Susi, Fäncy, Späst, Marc, Betty, Ivonni, Minka, Rohmy und die liebe Marina. Ganz besonderen Dank richte ich an meine Mum Evi: Ich liebe Dich. Du hast mich zu der gemacht, die ich bin; hast mir Freiheiten gegeben und mir mit allem, was du hattest, Chancen ermöglicht. Deine uneingeschränkte Liebe und Akzeptanz haben mir durch die schwersten Zeiten geholfen. Ich kann dir gar nicht oft genug und deutlich genug meine Dankbarkeit ausdrücken.

Den größten Dank schulde ich, neben der Frau die mich großzog, meiner besten Freundin Chulia für die vielen ermutigenden Worte und das geduldige Zuhören all die Monate. Ich kenne keinen besseren Freund als dich und bin unendlich froh, dich an meiner Seite zu haben.

Vielen Dank <3

Literatur

BERGER, E. (2009): Backstage – ein Model packt aus. Berlin.

BONSTEIN, J. (2010): Von Mädchen und Models. Dein SPIEGEL, H. 5/2010 [Zitat: Yannis Nikolaou].

BUCHHOLZ, S. (2000): Kerstin, früher Model. brand eins Wirtschafts-magazin, H. 8/2000.

CREUTZ, O. (2006): Wer schön ist, kommt weiter. Online: http://www.welt.de.

FICHTNER, U. (2005): Das Schaufenster des Westens. DER SPIEGEL, H. 29/2005.

FÜLSCHER, S. (1997): Schöne Mädchen fallen nicht vom Himmel. Freiburg.

HAAF, M. (2009): Mode-Doku „Picture Me": Models, hört die Signale!. Online: http://www.spiegel.de/kultur/kino/mode-doku-picture-me-models-hoert-die-signale-a-649030.html, Abruf am 29. Oktober 2015 [Zitate: Dunja Knezevich, Sara Ziff].

HERBERT, C., SENG, F. (2012): Expertin Götz zu „Germany's Next Topmo-del": „Die Mädchen sollen willig sein". Online: http://www.sueddeut-sche.de/leben/studie-zu-germanys-next-topmodel-kritisch-sein-ist-uncool-1.955567, Abruf am 29. Oktober 2015 [Zitate: Maya Götz].

KALLE, M. (2010): Germany's next Topmodel: Ware Schönheit. ZEITma-gazin, H. 26/2010 [Zitate: Benjamin Ahlborn, Gudrun Quenzel, Milla von Krockow, Yannis Nikolaou].

KRÄTTLI, N., RUCHTI, B. (2011): Modelberuf: Ein Traum auf dünnen Beinen. Online: http://www.beobachter.ch/arbeit-bildung/stellensu che/artikel/modelberuf_ein-traum-auf-duennen-beinen/, Abruf am 29. Oktober 2015 [Zitat: Ariana (Namen von der Redaktion geän-dert), Ursula Knecht].

LEPPIN, J. (2011): „Topmodel"-Show als Drama: „Wow, so richtig wie aus'm All". Online: http://www.spiegel.de/unispiegel/wunderbar/topmodel-show-als-drama-wow-so-richtig-wie-aus-m-all-a-802708.html, Abruf am 29. Oktober 2015.

MAIBAUM, N., WALKER, K. (2000): Look at me. Hamburg. [Zitate: Stefan Breddin, Monique, Anna].

MRKAJA, D.: Heidi Klum? „Hässlich - es fehlt ihr an Tiefe". Online: http://www.amica.de/beauty/pflege_styling/von-wegen-schoenheitsideal-heidi-klum-ist-haesslich_id_3245606.html, Abruf am 29. Oktober 2015 [Zitat: Rebekka Reinhard].

N. N. (o. J.): Backstage – Ein Model packt aus. http://www.frauenfinanzseite.de/index.php?aid=551-2, Abruf am 29. Oktober 2015 [Zitate: Effi Berger].

N. N. (2007): Alek Wek: Die Welt ist nicht nur blond. Online: http://www.stern.de/lifestyle/leute/alek-wek-die-welt-ist-nicht-nur-blond-3268370.html, Abruf am 29. Oktober 2015.

N. N. (2013): Georgina Wilkin: Ein Ex-Model packt aus. Online: http://www.vip.de/cms/georgina-wilkin-ein-ex-model-packt-aus-1657926.html, Abruf am 29. Oktober 2015 [Zitate: Georgina Wilkin].

N. N., J. (2011): GNTM-Neele verrät die krassen Tricks der Models!. Online: http://www.promiflash.de/news/2011/12/06/gntm-neele-verraet-die-krassen-tricks-der-models.html, Abruf am 29. Oktober 2015 [Zitate: Neele Hehemann].

NIMZ, U. (2012). Topmodel? So ist das Leben der Profis. Online: http://www.freiepresse.de/NACHRICHTEN/PANORAMA/Topmodel-So-ist-das-Leben-der-Profis-artikel7913500.php, Abruf am 29. Oktober 2015 [Zitat: Christine Beutmann].

PADBERG, E. (2011): Model ich. München.

PENNY, L. (2012): Fleischmarkt: Weibliche Körper im Kapitalismus. Hamburg.

PEYMAN, A. (2010): Der Modelmacher – ungeschminkte Ansichten. München.

PROUD, A. (2013): From teenage addict to happily married mother-to-be.... how Jaime King battled heroin and crippling depression. Online: http://www.dailymail.co.uk/tvshowbiz/article-2320374/From-teenage-addict-happily-married-mother---Jaime-King-battled-heroin-crippling-depression.html, Abruf am 29. Oktober 2015 [Zitat: Jaime King].

REMKE, S., HACHMEISTER, A. (1999): Die dunkle Seite der Modeszene. Online: http://www.welt.de [Zitat: Olivier Daube].

RENN, C. (2009): Hungry. München.

REYER, C. (2014): Topmodel Alek Wek: „Rassismus ist überall". Online: http://derstandard.at/1388650950311/Topmodel-Alek-Wek-Rassis mus-ist-ueberall, Abruf am 29. Oktober 2015 [Zitat: Alek Wek].

ROSSMANN, C., BROSIUS, H.-B. (2005): Vom hässlichen Entlein zum schönen Schwan? Zur Darstellung und Wirkung von Schönheitsoperationen im Fernsehen. Medien & Kommunikationswissenschaft, H. 53/2005.

SCHEYNIUS, L. (2014): Jung und schön. Und ganz schön unglücklich. ZEITmagazin, H. 44/2014.

SCHLAMP, H.-J. (1999): Sex, Drogen, teure Kleider. Online: http://www.spiegel.de/spiegel/print/d-15158161.html, Abruf am 29. Oktober 2015 [Zitate: Olivier Daube, Gerald Marie].

STRICKLAND, J. (2012): Bekenntnisse eines Topmodels. München.

Ströbele, C. (2010): Sprache in Casting-Shows: Sorry, aber du hast leider keine Personality! Online: http://www.zeit.de/lebensart/mode/2010-06/sprache-topmodel-casting-show, Abruf am 29. Oktober 2015 [Zitat: Ann-Marlene Henning].

SÜDDEUTSCHE ZEITUNG (2012). Umfrage unter Models – Mode, Glamour, sexuelle Belästigung. Online: http://www.sueddeutsche.de/stil/umfrage-unter-models-leben-voller-mode-glamour-und-sexueller-belaestigung-1.1312581, Abruf am 29. Oktober 2015 [Zitat: Sara Ziff / Umfrageergebnisse der ‚Model Alliance' Studie über die berufliche Situation der Frauen (nicht repräsentativ, 241 Models – 85 Antworten)].

TILMANN P. GANGLOFF, T. P. (2010): Heidi hat immer recht – Warum sich Jugendliche ihre Vorbilder vermehrt in Castingshows suchen. tv diskurs, H. 51/2010.Wever, M. (2008): Traumberuf Topmodel: Insidertipps von einer, die es geschafft hat. München.

VÖLKER, J. (2013): Magersucht: Zu perfekt, um gesund zu sein. Online: http://www.zeit.de/wissen/gesundheit/2013-09/magersucht-essstoerung-therapie-psyche, Abruf am 29. Oktober 2015.

WEVER, M. (2008): Traumberuf Topmodel: Insidertipps von einer, die es geschafft hat. München.

ZIFF, S., SCHELL, O. (2010): „Picture me – Tagebuch eines Topmodels". Duisburg.